Edition Akzente
Herausgegeben von
Michael Krüger

Elias Canetti

Der andere Prozeß

Kafkas Briefe an Felice

Carl Hanser Verlag

ISBN 3-446-14004-2
Neuausgabe 1984
Unveränderter Nachdruck der 2. Auflage 1976
Alle Rechte vorbehalten
© Carl Hanser Verlag München Wien 1984
Umschlag: Klaus Detjen
Bildnachweis: Klaus Wagenbach
Satz: LibroSatz, Kriftel
Druck und Bindung: Pustet, Regensburg
Printed in Germany

Für Veza Canetti

I.

Nun sind sie also publiziert, diese Briefe einer fünfjährigen Qual, in einem Band von 750 Seiten, der Name der Verlobten, während vieler Jahre diskret als F. mit einem Punkt bezeichnet, ähnlich wie K., so daß man lange nicht einmal wußte, wie dieser Name lautete und oft darüber grübelte, und unter allen Namen, die man erwog, nie auf den richtigen kam, es wäre ganz unmöglich gewesen, auf ihn zu kommen –, dieser Name steht in großen Lettern auf dem Buch. Die Frau, an die diese Briefe gerichtet waren, ist seit acht Jahren tot. Fünf Jahre vor ihrem Tod hat sie sie an Kafkas Verleger verkauft, und wie immer man darüber denkt, Kafkas »liebste Geschäftsfrau« hat ihre Tüchtigkeit, die ihm viel bedeutete und die ihm sogar Zärtlichkeit entlockte, noch zum Schluß bewiesen.

Es ist wahr, daß er schon 43 Jahre tot war, als diese Briefe erschienen, und doch war die erste Regung, die man verspürte – man war sie der Ehrfurcht für ihn und sein Unglück schuldig –, eine der Peinlichkeit und Beschämung. Ich kenne Menschen, deren Beschämung beim Lesen der Briefe wuchs, die das Gefühl nicht los wurden, daß sie gerade hier nicht eindringen dürften.

Ich achte sie dafür sehr, aber ich gehöre nicht zu ihnen. Ich habe diese Briefe mit einer Ergriffenheit gelesen, wie ich sie seit Jahren bei keinem literarischen Werk erlebt habe. Die Briefe gehören nun in die Reihe jener unverwechselbaren Memoiren, Autobiographien, Korrespondenzen, von denen Kafka selbst sich nährte. Er, dessen oberste Eigenschaft Ehrfurcht war, hat sich nicht gescheut, die Briefe von Kleist, von Flaubert, von Hebbel immer wieder zu lesen. In einem der bedrängtesten Augenblicke seines Lebens hielt er sich daran, daß Grillparzer nichts mehr empfand, als er die Kathi Fröhlich auf den Schoß nahm. Für das Entsetzen des Lebens, dessen sich die meisten zum Glück nur manchmal, einige wenige aber, von inneren Mächten als Zeugen eingesetzt, immer bewußt sind, gibt es nur einen Trost: seine Einbeziehung in das Entsetzen vorangegangener Zeugen. So muß man Felice Bauer wirklich dankbar dafür sein, daß sie die Briefe Kafkas bewahrt und gerettet hat, auch wenn sie es über sich gebracht hat, sie zu verkaufen. Von einem Dokument hier, zu sprechen wäre zu wenig, es sei denn, man gebrauchte dasselbe Wort für die Zeugnisse des Daseins von Pascal, Kierkegaard und Dostojewski. Ich für mich kann nur sagen, daß diese Briefe in mich eingegangen sind wie ein eigentliches Leben, und sie sind mir nun so rätselhaft und so vertraut, als gehörten sie mir seit jeher schon an, seit ich versucht habe, Menschen ganz in mich aufzunehmen, um sie immer wieder von neuem zu begreifen. –

In der Wohnung der Familie Brod lernte Kafka am späten Abend des 13. August 1912 Felice Bauer kennen. Es gibt, aus dieser Zeit, mehrere Äußerungen von ihm über diese Begegnung. Die erste Erwähnung findet sich in einem Brief von Max Brod vom 14. August. Es ist die Rede vom Manuskript der ›*Betrachtung*‹, das er am Abend zuvor zu Brod mitgebracht hatte, um es mit ihm zusammen endgültig zu ordnen.

»Ich stand gestern beim Ordnen der Stückchen unter dem Einfluß des Fräuleins, es ist leicht möglich, daß irgendeine Dummheit, eine vielleicht nur im Geheimen komische Aufeinanderfolge dadurch entstanden ist.« Er bittet Brod, nach dem Rechten zu sehen, und dankt ihm dafür. Tags darauf, am 15. August, findet sich folgender Satz im Tagebuch: »Viel an . . . was für eine Verlegenheit vor dem Aufschreiben von Namen . . . F. B. gedacht.«

Dann, am 20. August, eine Woche nach der Begegnung, sucht er zu einer objektiven Schilderung des ersten Eindrucks zu gelangen. Er beschreibt ihr Aussehen und spürt, daß er sich ihr ein wenig entfremdet, indem er ihr, eben in dieser Schilderung, »zu nahe an den Leib rückt«. Er habe es natürlich gefunden, daß sie, eine Fremde, in diesem Kreis dasaß. Er habe sich sofort mit ihr abgefunden. »Während ich mich setzte, sah ich sie zum erstenmal genauer an, als ich saß, hatte ich schon ein unerschütterliches Urteil.« Mitten im nächsten Satz bricht die Eintragung ab. Alles Wichtigere wäre noch gekommen, und wie viel noch gekommen wäre, wird erst später ersichtlich werden.

Er schreibt ihr zum erstenmal am 20. September und bringt sich – es sind immerhin fünf Wochen seit der Begegnung vergangen – als der Mensch in Erinnerung, der ihr bei Brods über den Tisch hin eine Photographie nach der anderen reichte und der »schließlich in dieser Hand, mit der er jetzt die Tasten schlägt, Ihre Hand hielt, mit der Sie das Versprechen bekräftigten, im nächsten Jahr eine Palästinareise mit ihm machen zu wollen«.

Die Raschheit dieses Versprechens, die Sicherheit, mit der sie es gab, ist das, was ihm zuerst den größten Eindruck gemacht hat. Er empfindet diesen Handschlag wie ein Gelöbnis, das Wort Verlobung birgt sich nah dahinter, und ihn, der so langsam von Entschluß ist, dem jedes Ziel, auf das er zugehen möchte, sich durch tausend Zweifel entfernt statt sich zu nähern, muß Raschheit faszinieren. Das Ziel des Versprechens aber ist Palästina, und schwerlich möchte es zu diesem Zeitpunkt seines Lebens ein verheißungsvolleres Wort für ihn geben, es ist das gelobte Land.

Noch inhaltsvoller wird die Situation, wenn man bedenkt, um was für Bilder es sich handelt, die er ihr über den Tisch reicht. Es sind die Photographien von einer ›Thaliareise‹. In den ersten Tagen des Juli, noch vor fünf, sechs Wochen, war er mit Brod zusammen in Weimar gewesen, wo sich im Goethehaus sehr merkwürdige Ereignisse für ihn abgespielt hatten. Die Tochter des Hauswarts war ihm aufgefallen, im Goethehaus selbst, ein schönes Mädchen. Es war ihm gelungen, sich ihr zu nähern; er hatte ihre Familie kennengelernt, sie im Garten und vor dem Haus photographiert, durfte zurückkommen und ging so – nicht nur zu den üblichen Besuchszeiten – im Goethehaus ein und aus. Er traf sie durch Zufall auch öfters in den Gassen der kleinen Stadt, beobachtete sie bekümmert mit jungen Männern, hatte eine Verabredung mit ihr, zu der sie nicht kam, und begriff bald, daß sie sich mehr für Studenten interessierte. Das Ganze spielte sich in wenigen Tagen ab, die Bewegung der Reise, auf der alles sich rascher ereignet, kam der Begegnung zugute. Gleich danach begab sich Kafka allein ohne Brod noch auf einige Wochen in die Naturheilanstalt Jungborn im Harz. Aus diesen Wochen gibt es wunderbar reiche Aufzeichnungen von ihm, frei von ›Thalia‹-Interessen und Pietät für die Stätten großer Dichter. Aber auf die Postkarten, die er dem schönen Mädchen nach Weimar schickte, bekam er freundliche Antworten. Die eine schreibt er vollständig in einem Brief an Brod ab und knüpft daran folgende, für seine Gemütsart hoffnungsvolle Bemerkung: »Denn wenn ich ihr nicht unangenehm bin, so bin ich ihr doch gleichgültig wie ein Topf. Aber warum schreibt sie dann so, wie ich es wünsche? Wenn es wahr wäre, daß man Mädchen mit der Schrift binden kann?«

So hat ihm diese Begegnung im Goethehaus Mut gemacht. Die Bilder von der Reise sind es, die er Felice an diesem ersten Abend über den Tisch reicht. Die Erinnerung an jenen Versuch einer Anknüpfung, an seine Aktivität damals, die immerhin bis zu den Photos geführt hatte, die er nun vorzeigen konnte, überträgt sich auf das Mädchen, das ihm jetzt gegenübersaß, auf Felice.

Es ist auch zu sagen, daß Kafka auf dieser Reise, die in Leipzig begann, mit Rowohlt bekannt gemacht wurde, der sich entschlossen hatte, sein erstes Buch zu verlegen. Die Zusammenstellung kurzer Stücke aus seinen Tagebüchern für die ›Betrachtung‹ machte Kafka viel zu schaffen. Er zögerte, die Stücke schienen ihm nicht gut genug, Brod drängte und ließ nicht locker, endlich war es so weit, und am Abend des 13. August brachte Kafka die endgültige Auswahl mit und wollte, wie schon bemerkt wurde, mit Brod ihre Anordnung besprechen.

So war er an diesem Abend mit allem ausgestattet, was ihm Mut machen konnte: das Manuskript seines ersten Buches; die Bilder der ›Thalia‹-Reise, worunter sich die Bilder jenes Mädchens befanden, das ihm höflich geantwortet hatte; und in der Tasche hatte er eine Nummer der Zeitschrift ›Palästina‹.

Die Begegnung fand bei einer Familie statt, bei der er sich wohlfühlte. Er suchte, wie er erzählt, die Abende bei Brods zu verlängern und mußte von ihnen, die an Schlaf dachten, auf freundliche Weise vertrieben werden. Es war die Familie, zu der es ihn von seiner hinzog. Literatur war hier nicht verpönt. Man war stolz auf den jungen Dichter des Hauses, Max, der sich schon einen Namen gemacht hatte, und seine Freunde nahm man ernst.

Es ist eine Zeit vielfältigen und genauen Verzeichnens für Kafka. Die Tagebücher aus Jungborn, die schönsten seiner Reisetagebücher – es sind auch die, die am unmittelbarsten mit seinem eigentlichen Werk, in diesem Fall mit ›*Amerika*‹, zusammenhängen –, legen Zeugnis davon ab.

Wie reich seine Erinnerung für konkretes Detail war, beweist der erstaunliche 6. Brief an Felice vom 27. Oktober, in dem er die Begegnung mit ihr auf das genaueste schildert. Seit jenem Abend des 13. August waren 75 Tage vergangen. Von den Details dieses Abends, die er im Gedächtnis trägt, haben nicht alle gleiches Gewicht. Manches verzeichnet er, man möchte sagen mutwillig, um ihr zu zeigen, daß er alles an ihr bemerkt hat, daß nichts ihm entging. Er beweist sich damit als Dichter im Flaubertschen Sinn, für den nichts trivial ist, wenn es nur stimmt. Mit einem leichten Anflug von Stolz bringt er es alles vor, eine doppelte Huldigung, an sie, weil sie es wert war, auf der Stelle in jeder Einzelheit aufgefaßt zu werden, aber ein wenig auch an sich, für sein allsehendes Auge.

Anderes hingegen vermerkt er, weil es ihm etwas bedeutet, weil es wichtigen Neigungen seiner eigenen Natur entspricht, oder weil es für bei ihm Fehlendes einspringt, oder weil es sein Staunen erregt und ihn mit Hilfe von

Bewunderung ihr physisch' nahebringt. Nur von diesen Zügen soll hier die Rede sein, denn sie sind es, die ihr Bild für sieben Monate in ihm bestimmen, es dauert so lange, bis er sie wiedersieht, und in diesen sieben Monaten spielt sich etwa die Hälfte der sehr umfangreichen Korrespondenz zwischen ihnen ab.

Sie nahm das Anschauen der Bilder, eben jener ›Thalia‹-Photographien sehr ernst und sah nur auf, wenn eine Erklärung gegeben wurde oder er ein neues Bild reichte, ließ das Essen wegen der Bilder, und als Max irgendeine Bemerkung über das Essen machte, sagte sie, nichts sei ihr abscheulicher als Menschen, die immerfort essen. (Von Kafkas Enthaltsamkeit in Dingen des Essens wird noch die Rede sein.) Sie erzählte, daß sie als kleines Mädchen von Brüdern und Vettern viel geschlagen worden sei und dagegen recht wehrlos gewesen wäre. Sie fuhr mit der Hand ihren linken Arm hinunter, der damals in jenen Zeiten voll blauer Flecke gewesen sein soll. Sie sah aber gar nicht wehleidig aus, und er konnte nicht einsehen, wie es jemand hatte wagen können, sie zu schlagen, wenn sie auch damals nur ein kleines Mädchen war. – Er denkt an seine eigene Schwäche als Kind, aber sie war nicht wie er wehleidig geblieben. Er betrachtet ihren Arm und bewundert ihre Kräftigkeit jetzt, der man nichts von der früheren Kindheitsschwäche anmerken konnte.

Sie bemerkte nebenbei, während sie etwas ansah oder las, daß sie Hebräisch gelernt habe. Er staunte das an, aber es wahr ihm nicht recht, daß es so übertrieben nebenbei erwähnt wurde, und so freute er sich auch im geheimen, als sie später Tel Aviv nicht übersetzen konnte. Aber es hatte sich nun herausgestellt, daß sie Zionistin war, und das war ihm sehr recht.

Sie sagte, daß Abschreiben von Manuskripten ihr Vergnügen mache, und bat Max, ihr Manuskripte zu schicken. Darüber staunte er, Kafka, so sehr, daß er auf den Tisch schlug.

Sie war auf dem Weg zu einer Hochzeit in Budapest,

Frau Brod erwähnte ein schönes Batistkleid, das sie in ihrem Hotelzimmer gesehen hatte. Die Gesellschaft übersiedelte dann vom Eßzimmer ins Klavierzimmer. »Als Sie aufstanden, zeigte sich, daß Sie Pantoffeln der Frau Brod anhatten, denn Ihre Stiefel mußten austrocknen. Es war den Tag über ein schreckliches Wetter gewesen. Diese Pantoffeln beirrten Sie wohl ein wenig und Sie sagten mir am Ende des Weges durch das dunkle Mittelzimmer, daß Sie an Pantoffeln mit Absätzen gewöhnt seien. Solche Pantoffeln waren mir eine Neuigkeit.« – Die Pantoffeln der älteren Frau genierten sie, ihre Erklärung über die Art ihrer eigenen, am Ende des Weges durch das dunkle Mittelzimmer, brachte sie ihm körperlich noch näher als zuvor die Betrachtung ihres Armes, der jetzt keine blauen Flecken mehr hatte.

Später, beim allgemeinen Aufbruch, kam noch etwas anderes hinzu: »Über die Schnelligkeit, mit der Sie zum Schluß aus dem Zimmer huschten und in Stiefeln wiederkamen, konnte ich mich gar nicht fassen.« – Hier ist es die Raschheit ihrer Verwandlung, die ihn beeindruckt. Seine Art der Verwandlung hat einen entgegengesetzten Charakter. Sie ist bei ihm beinahe immer ein besonders langsamer Prozeß, den er Zug um Zug wahr machen muß, bevor er ihm glaubt. Er baut sich Verwandlungen komplett und genau wie ein Haus. Sie aber stand plötzlich als Stiefelfrau vor ihm und war eben noch in Pantoffeln aus dem Zimmer gehuscht.

Zuvor hat er, wenn auch kurz, erwähnt, daß er eine Nummer von ›Palästina‹ zufällig mithatte. Die Reise nach Palästina wurde besprochen, und sie reichte ihm dabei die Hand »oder besser ich lockte sie, kraft einer Eingebung, heraus«. – Brods Vater und er begleiteten sie dann in ihr Hotel. Auf der Straße verfiel er in einen seiner »Dämmerzustände« und benahm sich ungeschickt. Er erfuhr noch, daß sie ihren Schirm im Zug vergessen hatte, eine Kleinigkeit, die ihr Bild für ihn bereicherte. Am nächsten Morgen sollte sie schon früh verreisen. »Daß Sie noch nicht gepackt hatten und gar noch im Bett lesen wollten, machte mich unruhig. Nachts vorher hatten Sie bis 4 Uhr früh gelesen.« – Trotz seiner Besorgtheit wegen ihrer frühen Abreise mußte dieser Zug sie ihm vertrauter machen, er selbst schrieb nachts.

Im Ganzen bekommt man von Felice das Bild einer *bestimmten* Person, die sich rasch und offen zu den verschiedensten Menschen stellt und sich ohne Stockungen über alles Mögliche äußert.

Die Korrespondenz zwischen ihnen, die sich nun gleich bei ihm und bald auch bei ihr zu täglichen Briefen verdichten sollte – es ist zu sagen, daß nur seine Briefe erhalten sind –, zeichnete sich durch ganz erstaunliche Züge aus. Das Auffallendste daran für einen unbefangenen Leser sind Klagen über körperliche Zustände. Sie beginnen schon im 2. Brief, hier noch ein wenig verschleiert: »Was für Launen halten mich, Fräulein! Ein Regen von Nervositäten geht ununterbrochen auf mich herunter. Was ich jetzt will, will ich nächstens nicht. Wenn ich auf der Stiege oben bin, weiß ich noch immer nicht, in welchem Zustand ich sein werde, wenn ich in die Wohnung trete. Ich muß Unsicherheiten in mir aufhäufen, ehe sie eine kleine Sicherheit oder ein Brief werden ... Mein Gedächtnis ist ja sehr schlecht ... Meine Lauheit ... Einmal ... stand ich sogar aus dem Bett auf, um das, was ich für Sie überlegt hatte, aufzuschreiben. Aber ich stieg doch gleich wieder zurück ins Bett, weil ich mir – das ist ein zweites meiner Leiden – die Narrheit meiner Unruhe vorwarf ...«

Man sieht, was er hier zuerst schildert, ist seine Unentschlossenheit, und mit ihrer Schilderung beginnt seine Werbung. Aber schon wird es alles in Zusammenhang gebracht mit physischen Zuständen.

Den 5. Brief beginnt er gleich mit seiner Schlaflosigkeit und endet mit den Störungen im Bureau, von wo er schreibt. Von nun an gibt es buchstäblich kaum einen Brief ohne Klagen. Sie werden im Anfang aufgewogen durch das Interesse für Felice. Er stellt hundert Fragen, er will alles über sie wissen, er will sich genau vorstellen können, wie es in ihrem Bureau zugeht, wie zuhause. Aber das klingt viel zu allgemein, seine Fragen sind konkreter. Sie soll schreiben: wann sie ins Bureau kommt, was sie gefrühstückt hat, wohin die Aussicht aus ihrem Bureaufenster geht, was das dort für eine Arbeit ist, wie ihre Freunde und Freundinnen heißen, wer ihrer Gesundheit mit Konfektgeschenken schaden will –, das ist nur die allererste Liste von Fragen, der später unzählige weitere folgen. Er wünscht sich, daß es bei ihr gesund und sicher zugeht. Die Räume, in denen sie sich bewegt, will er so gut kennen wie ihre Zeiteinteilung. Er läßt ihr keinen Widerspruch durchgehen und verlangt auf der Stelle Aufklärung. Die Genauigkeit, die er von ihr fordert, entspricht der, mit der er seine eigenen Zustände schildert.

Über diese wird noch manches zu sagen sein; ohne einen Versuch, sie zu begreifen, bleibt alles unbegreiflich. Aber hier soll nur festgehalten werden, was als die tiefere Absicht der ersten Periode dieser Korrespondenz offenkundig wird: es soll eine Verbindung, ein Kanal hergestellt werden zwischen ihrer Tüchtigkeit und Gesundheit und seiner Unentschlossenheit und Schwäche. Über diese Entfernung hin, zwischen Prag und Berlin, will er sich an ihre Festigkeit klammern. Das schwache Wort, das er an sie richten darf, kommt in zehnfacher Kraft von ihr zurück. Er schreibt ihr zwei- oder dreimal täglich. Er führt – sehr im Widerspruch zu den Beteuerungen seiner Schwäche – einen zähen, ja unerbittlichen Kampf um ihre Antworten. Sie ist – in dieser einen Hinsicht – launenhafter als er, sie steht nicht unter demselben Zwang. Aber es gelingt ihm, ihr seinen eigenen Zwang aufzuerlegen, es dauert gar nicht lange, und auch sie schreibt ihm einmal, oft sogar zweimal täglich.

Denn der Kampf, den er um diese Kraft führt, die ihre regelmäßigen Briefe ihm geben, hat einen Sinn, es ist keine eitle Korrespondenz, kein Selbstzweck, keine bloße Genugtuung, sie dient seinem *Schreiben*. Zwei Nächte nach seinem ersten Brief an sie schreibt er das ›*Urteil*‹ nieder, in einem Zug, einer Nacht, in zehn Stunden. Man möchte sagen, daß mit diesem Stück sein Selbstgefühl als Dichter etabliert ist. Er liest es seinen Freunden vor, die Zweifellosigkeit des Stückes erweist sich, er ist nie wieder davon abgerückt, wie von so vielem anderen. In der Woche darauf entsteht der ›*Heizer*‹ und im Fortgang zweier Monate weitere fünf Kapitel von ›*Amerika*‹, im ganzen also sechs. Während einer Unterbrechung des Romans von vierzehn Tagen schreibt er die ›*Verwandlung*‹.

Es ist also, nicht nur von unserem späteren Standpunkt aus gesehen, eine großartige Periode; es gibt nur wenig Zeiten in seinem Leben, die sich mit dieser vergleichen lassen. Darf man nach den Ergebnissen urteilen, und wonach sonst soll man das Leben eines Dichters beurteilen, so war Kafkas Verhalten in den ersten drei Monaten der Korrespondenz mit Felice für ihn genau das richtige. Er hat gefühlt, was er brauchte: eine Sicherheit in der Ferne, eine Kraftquelle, die seine Empfindlichkeit nicht durch zu nahe Berührung in Verwirrung brachte, eine Frau, die für ihn da war, ohne mehr von ihm zu erwarten als seine Worte, eine Art Transformator, dessen allfällige technische Fehler er so weit kannte und beherrschte, daß er sie durch Briefe auf der Stelle beheben konnte. Die Frau, die ihm dazu diente, durfte den Einwirkungen seiner Familie, unter deren Nähe er sehr litt, nicht ausgesetzt sein, er mußte sie von ihr fernhalten. Sie sollte alles ernst nehmen, was er über sich zu sagen hatte. Er, der mündlich verschlossen war, sollte sich schriftlich vor ihr ausbreiten können; rücksichtslos über alles klagen; nichts zurückhalten müssen, was ihn beim Schreiben verstört hätte; die Wichtigkeit, den Fortgang, die Zögerungen dieses Schreibens in jeder Einzelheit berichten. Sein Tagebuch in dieser Zeit setzt aus, die Briefe an Felice sind sein erweitertes Tagebuch, es hat den Vorteil, daß er es wirklich täglich führt, daß er sich hier häufiger wiederholen und damit einem wesentlichen Bedürfnis seiner Natur nachgeben kann. Was er ihr schreibt, sind nicht einmalige Dinge, die nun für immer dastehen, er kann sich in späteren Briefen korrigieren, er kann bekräftigen oder zurücknehmen, und selbst Sprunghaftigkeit, die sich ein so bewußter Geist innerhalb der vereinzelten Eintragung eines Tagebuches nicht gern erlaubt, weil er sie als Unordnung empfindet, ist in der Abfolge eines Briefes sehr wohl möglich. Der größte Vorteil, wie schon angedeutet wurde, ist aber zweifellos die Möglichkeit von Wiederholungen bis zur ›Litanei‹. Wenn jemand sich über die Notwendigkeit und die Funktion von ›Litaneien‹ klar war, so war es Kafka. Es ist unter seinen sehr bestimmten Eigenschaften die, die am meisten zu den ›religiösen‹ Fehldeutungen seines Werks geführt hat.

Aber wenn die Einrichtung dieses Briefwechsels so wichtig war, daß sie während dreier Monate ihre Wirksamkeit bewies und zu Gebilden führen konnte, die so einzigartig sind wie etwa die ›*Verwandlung*‹ – wie kam es dann dazu, daß im Januar 1913 das Schreiben plötzlich stockte? Man darf sich hier mit allgemeinen Sätzen über produktive und unproduktive Zeiten bei einem Dichter nicht zufrieden geben. Alle Produktivität ist bedingt, und man muß sich die Mühe nehmen, die Störungen zu finden, durch die sie aussetzt.

Vielleicht sollte man nicht übersehen, daß die Briefe der ersten Periode an Felice, so wenig man sie als Liebesbriefe im üblichen Sinn des Wortes empfindet, doch etwas enthalten, was ganz besonders zur Liebe gehört: es ist ihm wichtig, daß Felice etwas von ihm *erwartet*. Bei jener ersten Begegnung, von der er so lange zehrte, auf die er alles baute, hatte er das Manuskript seines ersten Buches bei sich. Als Dichter, nicht nur als den Freund eines Dichters, von dem sie schon etwas gelesen hatte, hat sie ihn kennengelernt, und der Anspruch auf ihre Briefe ist darauf gegründet, daß sie ihn dafür hält. Die erste Erzählung, mit der er zufrieden ist, eben das ›*Urteil*‹, ist *ihre*, er verdankt sie ihr, sie ist ihr gewidmet. Er ist ihres Urteils in literarischen Dingen allerdings nicht sicher und sucht in seinen Briefen

Einfluß darauf zu nehmen. Er verlangt eine Liste ihrer Bücher, die er nie bekommt.

Felice war eine einfache Natur, die Sätze aus ihren Briefen, die er zitiert, obwohl es nicht sehr viele sind, beweisen es hinlänglich. Der Dialog, wenn man ein so geeichtes Wort für etwas so Komplexes und Abgründiges anwenden dürfte, den er über sie mit sich selber führte, hätte vielleicht lange weitergehen können. Er wurde aber verwirrt durch ihre Bildungssucht, sie las andere Dichter und nannte sie in ihren Briefen. Er hatte noch das Wenigste von dem zu Tage gefördert, was er als ungeheure Welt in seinem Kopf fühlte, und wollte sie als Dichter ganz für sich.

Am 11. Dezember schickt er ihr sein erstes Buch: die ›Betrachtung‹, es ist eben erschienen. Er schreibt dazu: »Du, sei freundlich zu meinem armen Buch! Es sind ja eben jene paar Blätter, die Du mich an unserem Abend ordnen sahst ... Ob Du wohl erkennst, wie sich die einzelnen Stückchen im Alter voneinander unterscheiden. Eines ist z. B. darunter, das ist gewiß 8-10 Jahre alt. Zeig das Ganze möglichst wenigen, damit sie Dir nicht die Lust an mir verderben.«

Am 13. erwähnt er wieder sein Buch: »Ich bin so glücklich, mein Buch, soviel ich daran auch auszusetzen habe ... in Deiner lieben Hand zu wissen.«

Am 23. Dezember findet sich darüber folgender einsamer Satz: »Ach wenn das Frl. Lindner [eine Bureaukollegin der Felice] wüßte, wie schwer es ist, so wenig zu schreiben, als ich es tue!« Es bezieht sich auf den geringen Umfang der ›Betrachtung‹ und läßt sich nur als Antwort auf eine ausweichende Briefstelle von Felice deuten.

Das ist alles, bis zu seinem großen Eifersuchtsausbruch vom 28. Dezember, 17 Tage nachdem er das Buch an sie abgeschickt hat, die Briefe der Zwischenzeit – und man hat, wie gesagt, nur seine – nehmen 40 enggedruckte Seiten des Bandes ein und handeln von tausend Dingen. Es ist klar, daß Felice sich zur ›Betrachtung‹ ernsthaft überhaupt

nicht geäußert hat. Sein Ausbruch aber richtet sich nun gegen Eulenberg, von dem sie begeistert ist:
»Auf alle Leute in Deinem Brief bin ich eifersüchtig, auf die genannten und ungenannten, auf Männer und Mädchen, auf Geschäftsleute und Schriftsteller (und natürlich ganz besonders auf diese) ... Ich bin eifersüchtig wegen des Werfel, des Sophokles, der Ricarda Huch, der Lagerlöf, des Jacobsen. Kindisch freut sich meine Eifersucht dessen, daß Du Eulenberg Hermann statt Herbert nennst. Während Dir Franz zweifellos eingegraben ist. Dir gefallen die ›Schattenbilder‹? Du findest sie knapp und klar? Ich kenne in der Gänze nur ›Mozart‹, Eulenberg ... hat es hier vorgelesen, aber das konnte ich kaum ertragen, eine Prosa voller Atemnot und Unreinlichkeit... Aber natürlich tue ich ihm in meiner gegenwärtigen Verfassung großes Unrecht, daran ist kein Zweifel. *Aber Du sollst die ›Schattenbilder‹ nicht lesen.* Nun sehe ich aber gar, daß Du ›ganz begeistert‹ von ihnen bist. (Hört also, Felice ist von ihnen begeistert und ganz und gar begeistert und ich wüte da gegen ihn mitten in der Nacht.) Aber in Deinem Brief kommen ja noch weitere Leute vor, mit allen, allen möchte ich zu raufen anfangen, nicht um ihnen etwas Böses zu tun, sondern um sie von Dir wegzustoßen, um Dich von ihnen freizubekommen, um nur Briefe zu lesen, in denen bloß von Dir, Deiner Familie ... und natürlich! und natürlich! von mir die Rede ist.«

Am nächsten Tag bekommt er einen – da es gerade Sonntag ist – unerwarteten Brief von ihr und dankt ihr: »Liebste, das ist wieder einmal ein Brief, bei dem einem heiß vor ruhiger Freude wird. Da stehen nicht diese vielen Bekannten und Schriftsteller herum ...«

Noch in derselben Nacht findet er die Erklärung für die Eifersucht des vorigen Tages: »Ich weiß jetzt übrigens auch genauer, warum mich der gestrige Brief so eifersüchtig gemacht hat: Dir gefällt mein Buch ebensowenig wie Dir damals mein Bild gefallen hat. Das wäre ja nicht so arg, denn was dort steht, sind zum größten Teil alte Sachen ..., ich fühle Deine Nähe so stark in allem übrigen, daß ich gern bereit bin . . ., das kleine Buch *zuerst* mit *meinem* Fuße wegzustoßen . . . Aber daß Du es mir nicht sagst, daß Du mir nicht mit zwei Worten sagst, daß es Dir nicht gefällt . . . Es wäre nur sehr begreiflich, wenn Du mit dem Buch nichts anzufangen wüßtest . . . Es wird ja niemand etwas damit anzufangen wissen, das ist und war mir klar –, das Opfer an Mühe und Geld, das mir der verschwenderische Verleger gebracht hat und das ganz und gar verloren ist, quält mich ja auch . . . Aber Du sagtest nichts, kündigtest zwar einmal an, etwas zu sagen, sagtest es aber nicht . . .«

Ende Januar kommt er auf die ›Betrachtung‹ zurück, der Wiener Dichter Otto Stoeßl, den er sehr schätzt und auch persönlich mag, hat ihm einen Brief darüber geschrieben. »Er schreibt auch über mein Buch, aber mit so vollständigem Mißverständnis, daß ich einen Augenblick geglaubt habe, mein Buch sei wirklich gut, da es selbst bei einem so einsichtigen und literarisch vielgeprüften Mann wie Stoeßl solche Mißverständnisse erzeugen kann . . .« Er schreibt die ganze Partie des Briefes, die ziemlich lang ist, für sie ab. Es kommen erstaunliche Dinge darin vor. »Ein nach innen gerichteter Humor, . . . nicht anders als man nach einer gut durchschlafenen Nacht, nach erquickendem Bad, frisch angezogen, einen freien, sonnigen Tag mit froher Erwartung und unbegreiflichem Kraftgefühl begrüßt. Ein Humor der eigenen guten Verfassung.« Ein Mißgriff von monströsen Ausmaßen, jedes Wort genau falsch, über den Humor seiner eigenen guten Verfassung kommt Kafka gar nicht hinweg und zitiert diesen Satz später wieder. Er fügt aber auch hinzu: »Der Brief paßt übrigens ganz gut zu einer heute erschienenen lobenden Besprechung, die in dem Buch nur Trauer findet.«

Es ist klar, daß er ihre Mißachtung der ›Betrachtung‹ nicht vergessen hat, die Ausführlichkeit, mit der er auf diese Reaktionen zu seinem Buche eingeht, für ihn ungewöhnlich, verdeckt eine Rüge. Er will ihr eine Lehre erteilen, sie hat es sich zu leicht gemacht, und er verrät damit, wie empfindlich sie ihn durch ihren Mangel an jeder Reaktion verletzt hat.

Zu den schwersten Ausbrüchen gegen andere Dichter kommt es noch in der ersten Februarhälfte. Felice fragt nach der Lasker-Schüler, er schreibt dazu: »Ich kann ihre Gedichte nicht leiden, ich fühle bei ihnen nichts als Langeweile über ihre Leere und Widerwillen wegen des künstlichen Aufwands. Auch ihre Prosa ist mir lästig aus den gleichen Gründen, es arbeitet darin das wahllos zuckende Gehirn einer sich überspannenden Großstädterin... Ja, es geht ihr schlecht, ihr zweiter Mann hat sie verlassen, soviel ich weiß, auch bei uns sammelt man für sie; ich habe 5 K. hergeben müssen, ohne das geringste Mitgefühl für sie zu haben; ich weiß den eigentlichen Grund nicht, aber ich stelle mir sie immer nur als eine Säuferin vor, die sich in der Nacht durch die Kaffeehäuser schleppt... Weg Du Lasker Schüler! Liebste komm! Niemand sei zwischen uns, niemand um uns.«

Felice will zu ›Professor Bernhardi‹ ins Theater. »... Uns verbindet ein fester Strick...«, schreibt er, »... wenn Du nun, Liebste, zu ›Professor Bernhardi‹ gehst, so ziehst Du mich an jenem zweifellosen Strick eben mit und es ist die Gefahr, daß wir beide in die schlechte Literatur verfallen, die Schnitzler zum größten Teil für mich darstellt.« Er geht darum am selben Abend zu ›Hidalla‹, in dem Wedekind und seine Frau spielen. »Denn ich liebe den Schnitzler gar nicht und achte ihn kaum; gewiß kann er manches, aber seine großen Stücke und seine große Prosa sind für mich angefüllt mit einer geradezu schwankenden Masse widerlichster Schreiberei. Man kann ihn gar nicht tief genug hinunterstoßen... Nur vor seinem Bild, vor dieser falschen Verträumtheit, vor dieser Weichmütigkeit, an die ich auch mit den Fingerspitzen nicht rühren wollte, kann ich verstehen, wie er aus seinen zum Teil vorzüglichen anfänglichen Arbeiten (Anatol, Reigen, Leutnant Gustl) sich so entwickeln konnte. – In dem gleichen Brief rede ich gar nicht von Wedekind.

Genug, genug, wie schaffe ich nur gleich wieder den Schnitzler fort, der sich zwischen uns legen will wie letzthin die Lasker-Schüler.«

Seine Eifersucht gegen Dichter, soweit es um Felice geht, hat die kräftigen Züge, die man von Eifersucht überhaupt kennt, man ist erstaunt und erleichtert, eine so natürliche, ungebrochene Angriffslust gegen andere bei ihm zu finden. Denn aus jedem der zahllosen Briefe hat man seine Angriffe gegen sich selbst im Ohr, sie sind dem Leser vertraut, als wären sie seine Stimme. Doch das Ungewöhnliche im Ton dieser Angriffe gegen andere Dichter, das Mörderische daran, ihre Roheit, die ihm eigentlich wesensfremd sind, sind Symptome für eine Veränderung in seiner Beziehung zu Felice. Sie nimmt eine tragische Wendung durch ihr Unverständnis für seine eigene Dichtung. Sie, deren Kraft er für sein Schreiben als eine unaufhörliche Nahrung benötigt, ist nicht imstande zu ermessen, wen sie mit sich, mit ihren Briefen nämlich, nährt.

Seine Lage in dieser Hinsicht wird durch die Natur seiner ersten Buchveröffentlichung noch besonders erschwert. Er ist zu klug und zu ernst, um das Gewicht der ›Betrachtung‹ zu überschätzen. Es ist ein Buch, in dem manche seiner Themen angeschlagen sind. Aber es ist zusammengestückelt, es ist noch etwas launenhaft und artistisch, es verrät fremde Einflüsse (Robert Walser), und ganz besonders fehlt ihm Zusammenhang und Notwendigkeit. Es hat für ihn Bedeutung, weil er das Manuskript bei sich hatte, als er Felice zum erstenmal sah.

Aber sechs Wochen nach dem Abend, gleich nach seinem ersten Brief an Felice, war er im ›Urteil‹ und im ›Heizer‹ ganz er selbst geworden. Beinahe noch wichtiger, in diesem Zusammenhang, erscheint es, daß er sich des Wertes dieser beiden Stücke vollkommen bewußt war. Die Korrespondenz mit Felice lief an, er schrieb Nacht für Nacht an seinen Sachen weiter, schon nach acht Wochen erlangte er in der ›Verwandlung‹ die Höhe seiner Meisterschaft. Er hat etwas geschrieben, was er nie mehr übertreffen konnte, weil es nichts gibt, womit die ›Verwandlung‹ zu übertreffen wäre, eine der wenigen großen und vollkommenen Dichtungen dieses Jahrhunderts.

Vier Tage nach der Vollendung der ›Verwandlung‹ erscheint die ›Betrachtung‹. Er schickt dieses erste Buch Felice und wartet 17 Tage auf ein Wort von ihr darüber. Die Briefe gehen mehrmals täglich hin und her, er wartet vergeblich und hat schon die ›Verwandlung‹ und einen guten Teil von ›Amerika‹ geschrieben. Ein Stein müßte darüber Erbarmen fühlen. Er erfuhr nun, daß die Nahrung ihrer Briefe, ohne die ihm sein Schreiben nicht möglich war, blind gespendet wurde. Sie wußte nicht, wen sie nährte. Seine Zweifel, die immer am Werke waren, wurden übermächtig, er war seines Rechtes auf ihre Briefe, die er in der guten Zeit erzwungen hatte, nicht mehr sicher, und sein Schreiben, das ihm sein eigentliches Leben war, begann zu versagen.

Eine abseitige, aber in ihrer Heftigkeit sehr auffallende Folge dieser Katastrophe war seine Eifersucht auf andere Dichter. Felice las und verletzte ihn tief mit Namen, die sich wahllos in ihren Briefen vordrängten. Alles das waren in ihren Augen Dichter. Aber was, in ihren Augen, war er?

Ihr Segen für ihn war damit zu Ende. Er hielt mit seiner immensen Zähigkeit, dem erstaunlichen Revers seiner Schwäche, an der Form der etablierten Beziehung fest und blickte von da ab sehnsüchtig zurück auf das Paradies jener drei Monate, die nie mehr wiederkehren konnten; das Gleichgewicht, das sie ihm gegeben hatten, war zerstört.

Gewiß ist in jenen Tagen manches andere geschehen, das zu dieser Störung beitrug. Da war die Verlobung Max Brods, seines besten Freundes, der ihn mehr als irgendein anderer Mensch zum Schreiben gedrängt und aufgestachelt hatte. Kafka fürchtet die Veränderung in dieser Freundschaft, die ihm durch das bloße Vorhandensein einer Frau bei seinem Freund unvermeidlich erscheint. Es ist auch die Zeit der Vorbereitungen für die Hochzeit seiner Schwester Valli. Alles was dazugehört, erlebt er aus nächster Nähe, in der Wohnung der Eltern, die auch seine Wohnung ist. Es macht ihn traurig, daß die Schwester weggeht, er fühlt darin das Abbröckeln der Familie, die er doch gleichzeitig haßt. Aber er hat sich in diesem Hasse eingerichtet und braucht ihn. Die vielen ungewohnten Vorkommnisse, die einen ganzen Monat vor der Hochzeit ausfüllen, empfindet er als Störung. Er fragt sich, warum er unter diesen Verlobungen in dieser sonderbaren Art leide, als träfe ihn augenblicklich und unmittelbar ein Unglück, während die Hauptbeteiligten selbst unerwartet glücklich seien.

Seine Abneigung gegen die Lebensform der Ehe, für die so umfangreiche Vorbereitungen getroffen worden waren, ist jetzt akuter, und er läßt seiner Reaktion dagegen dort freien Lauf, wo man diese Lebensform von ihm erwarten könnte: Er beginnt Felice als Gefahr zu empfinden, seine einsamen Nächte sind bedroht, und er läßt es sie fühlen.

Aber bevor berichtet wird, wie er sich dieser Gefahr zu erwehren sucht, ist es notwendig, Genaueres über die Natur seiner Bedrohtheit zu erfahren.

»Meine Lebensweise ist nur auf das Schreiben eingerichtet... Die Zeit ist kurz, die Kräfte sind klein, das Bureau ist ein Schrecken, die Wohnung ist laut und man muß sich mit Kunststücken durchzuwinden suchen, wenn es mit einem schönen, geraden Leben nicht geht.« So schreibt Kafka schon in einem frühen, seinem 9. Brief an Felice vom 1. November 1912. Er erklärt ihr dann seine neue Zeiteinteilung, mit deren Hilfe es ihm gelingt, sich Nacht für Nacht um ½ 11 zum Schreiben niederzusetzen und je nach Kraft, Lust und Glück bis 1, 2, 3 Uhr dabei zu bleiben.

Aber schon vorher, im selben Brief, hat er eine Äußerung über sich getan, über die man schwer hinwegkommt, sie ist an dieser Stelle ungeheuerlich: »Ich bin der magerste Mensch, den ich kenne, was etwas sagen will, da ich schon viel in Sanatorien herumgekommen bin...« Dieser um Liebe werbende Mensch – denn natürlich nimmt man erst an, daß er um Liebe wirbt –, der gleich davon spricht, daß er der *magerste* Mensch sei! Warum eigentlich erscheint einem eine solche Äußerung, zu diesem Zeitpunkt, so unangemessen, ja beinahe sträflich? Zur Liebe gehört Gewicht, es geht um Körper. Sie müssen da sein, es ist lächerlich, wenn ein Nicht-Körper um Liebe wirbt. Große Gelenkigkeit, Mut, Stoßkraft können für Gewicht einspringen. Aber sie müssen aktiv sein, sich darstellen, sozusagen immerzu verheißen. Kafka setzt statt dessen eines ein, sein Eigentliches: die Fülle des Gesehenen, an der Erscheinung des umworbenen Menschen Gesehenen; diese Fülle ist *sein* Leib. Das kann aber nur auf einen Menschen von verwandter Fülle des Gesehenen wirken, an jedem anderen fällt es vorbei, oder es ist ihm unheimlich.

Wenn er gleich von seiner Magerkeit spricht, und mit so starkem Ton darauf, kann das nur bedeuten, daß er sehr unter ihr gelitten hat: er steht unter einem Zwang, sie mitzuteilen. Es ist so, als hätte er von sich zu sagen: ›ich bin taub‹ oder ›ich bin blind‹, da die Unterschlagung einer solchen Tatsache ihn zum Betrüger stempeln müßte.

Man muß nicht lange in seinen Tagebüchern und Briefen suchen, um sich davon zu überzeugen, daß man hier den Kern, die Wurzel seiner ›Hypochondrie‹ erfaßt hat. Unter dem 22. November 1911 findet sich in seinem Tagebuch folgende Eintragung: »Sicher ist, daß ein Haupthindernis meines Fortschritts mein körperlicher Zustand bildet. Mit einem solchen Körper läßt sich nichts erreichen... Mein Körper ist zu lang für seine Schwäche, er hat nicht das geringste Fett zur Erzeugung einer segensreichen Wärme, zur Bewahrung inneren Feuers, kein Fett, von dem sich einmal der Geist über seine Tagesnotdurft hinaus ohne Schädigung des Ganzen nähren könnte. Wie soll das schwache Herz, das mich in der letzten Zeit immer öfters gestochen hat, das Blut über die ganze Länge dieser Beine hin stoßen können...«

Am 3. Januar 1912 macht er sich im einzelnen eine Aufstellung darüber, was er dem Schreiben geopfert habe: »Als es in meinem Organismus klar geworden war, daß das Schreiben die ergiebigste Richtung meines Wesens sei, drängte sich alles hin und ließ alle Fähigkeiten leerstehen, die sich auf die Freuden des Geschlechts, des Essens, des Trinkens, des philosophischen Nachdenkens, der Musik zuallererst richteten. Ich magerte nach allen diesen Richtungen ab. Das war notwendig, weil meine Kräfte in ihrer Gesamtheit so gering waren, daß sie nur gesammelt dem Zweck des Schreibens halbwegs dienen konnten ...«

Am 17. Juli 1912 schreibt er Max Brod aus der schon erwähnten Naturheilanstalt Jungborn: »Ich habe die dumme Idee, mich dick machen zu wollen und von da aus mich allgemein zu kurieren, als ob das zweite oder auch nur das erste möglich wäre.«

Die zeitlich nächste Äußerung, die sich auf seine Magerkeit bezieht, ist dann die bereits zitierte im Brief an Felice vom 1. November desselben Jahres. Wenige Monate später, am 10. Januar 1913, schreibt er wieder an Felice: »Wie war es im Familienbad? Hier muß ich leider eine Bemerkung unterdrücken (sie bezieht sich auf mein Aussehen im Bad, auf meine Magerkeit). Ich sehe im Bad wie ein Waisenknabe aus.« Dann erzählt er, wie er als kleiner Junge in einer Sommerfrische an der Elbe die sehr kleine, volle Badeanstalt mied, weil er sich seines Aussehens schämte.

Im September 1916 entschließt er sich, einen Arzt aufzusuchen, ein für ihn sehr ungewöhnliches Unternehmen, da er Ärzten mißtraut, und berichtet über diesen Besuch an Felice. »Der Arzt, bei dem ich war ..., war mir sehr angenehm. Ein ruhiger, etwas komischer aber durch Alter, Körpermasse (wie Du zu einem so mageren, langen Ding wie ich es bin Vertrauen bekommen konntest, wird mir immer unbegreiflich bleiben) also durch Körpermasse ... vertrauenerweckender Mann!«

Ich zitiere noch einige Stellen aus den sieben letzten Jahren seines Lebens, als er seine Beziehung zu Felice endgültig gelöst hatte. Es ist von Bedeutung zu erkennen, daß diese Idee von seiner Magerkeit bis zum Schluß in ihm potent blieb und alle Erinnerung färbte.

Im berühmten ›*Brief an den Vater*‹ vom Jahre 1919 findet sich wieder eine Stelle über frühes Baden: »Ich erinnere mich zum Beispiel daran, wie wir uns öfters zusammen in einer Kabine auszogen. Ich mager, schwach, schmal. Du stark, groß, breit. Schon in der Kabine kam ich mir jämmerlich vor, und zwar nicht nur vor Dir, sondern vor der ganzen Welt, denn Du warst für mich das Maß aller Dinge.«

Am eindrucksvollsten ist der Hinweis in einem der ersten Briefe an Milena aus dem Jahre 1920. Auch hier unterliegt er dem Zwang, sich einer Frau, um die er wirbt – und um Milena wirbt er leidenschaftlich –, sehr bald in seiner Magerkeit vorzustellen: »Vor einigen Jahren war ich viel im Seelentränker auf der Moldau, ich ruderte hinauf und fuhr dann ganz ausgestreckt in der Strömung hinunter, unter den Brücken durch. Wegen meiner Magerkeit mag das von der Brücke sehr komisch ausgesehen haben. Ein Beamter aus meiner Anstalt, der mich eben so einmal von der Brücke sah, faßte seinen Eindruck, nachdem er das Komische genügend hervorgehoben hatte, so zusammen: es hätte so ausgesehen, wie vor dem Jüngsten Gericht. Es wäre wie jener Augenblick gewesen, da die Sargdeckel schon abgehoben waren, die Toten aber noch still lagen.«

Die Figur des Mageren und die des Toten sind in eins gesehen: in Verbindung mit der Vorstellung vom Jüngsten Gericht ergibt sich ein Bild von seiner Leiblichkeit, wie es trostloser und schicksalhafter gar nicht zu denken wäre. Es ist, als hätte der Magere oder der Tote, die hier eins sind, gerade Leben genug, um sich von der Strömung treiben zu lassen und sich dem Jüngsten Gericht zu stellen.

Während der letzten Wochen seines Lebens im Sanatorium Kierling war Kafka von den Ärzten angeraten worden, nicht zu sprechen. Auf Gesprächsblättern, die erhalten sind, beantwortete er Fragen schriftlich. Er wurde einmal nach Felice gefragt und schrieb folgende Antwort nieder: »An die Ostsee hätte ich mit ihr einmal (mit ihrer Bekannten) fahren sollen, habe mich aber wegen Magerkeit und sonstiger Ängstlichkeit geschämt.«

Die besondere Empfindlichkeit für alles, was mit seinem Körper zusammenhing, hat Kafka nie verlassen. Sie muß sich, wie aus den angeführten Äußerungen klar wird, schon in seiner Kindheit bemerkbar gemacht haben. Durch die Magerkeit ist er früh auf seinen Körper aufmerksam geworden. Er gewöhnte sich daran, auf alles zu achten, was diesem *fehlte*. An seinem Körper hatte er einen Gegenstand der Beobachtung, der ihm nie abhanden kam, der sich ihm nie entziehen konnte. Hier war, was er sah und was er empfand, ihm immer nah, das eine ließ sich vom anderen nicht lösen. Von seiner Magerkeit ausgehend, gewann er eine unerschütterliche Überzeugung von Schwäche, und es ist vielleicht gar nicht so wichtig zu wissen, ob sie tatsächlich immer bestand. Denn was sicher bestand, war ein auf diese Überzeugung gegründetes Gefühl von Bedrohtheit. Er fürchtete das Eindringen feindlicher Kräfte in seinen Körper, und um das zu verhüten, verfolgt er wachsam den Weg, den sie nehmen können. Allmählich drängen sich Gedanken an einzelne Organe bei ihm vor. Eine besondere Empfindlichkeit für diese beginnt sich zu entwickeln, bis schließlich jedes von ihnen unter separater Bewachung steht. Damit aber vervielfachen sich die Gefahren – es gibt zahllose Symptome, auf die ein mißtrauischer Geist achtzugeben hat, sobald er sich einmal der Besonderheit der Organe und ihrer Verwundbarkeit bewußt ist. Schmerzen da und dort erinnern an sie, es wäre vermessen und sträflich, keine Notiz von ihnen zu nehmen. Sie kündigen Gefahren an, es sind die Vorboten des Feindes. Hypochondrie ist die kleine Münze der Angst, es ist die Angst, die sich zu ihrer Zerstreuung Namen sucht und findet.

Seine Lärmempfindlichkeit ist wie ein Alarm, sie meldet überflüssige, noch unartikulierte Gefahren. Diesen kann man sich entziehen, indem man den Lärm wie den Teufel meidet – es ist genug an den erkannten Gefahren, deren wohlformierte Attacken er abwehrt, indem er sie *benennt*.

Sein Zimmer ist sein Schutz, es wird zu einem äußeren Leib, man kann es den Vor-Leib nennen. »Ich muß allein in einem Zimmer schlafen ... Es ist nur Ängstlichkeit, die plädiert: ebenso, wie man, wenn man auf dem Boden liegt, nicht fallen kann, kann einem auch nichts geschehen, wenn man allein ist.« Besuche in seinem Zimmer sind ihm unerträglich. Selbst das Zusammenleben mit seiner Familie in einer Wohnung bereitet ihm Qual. »Ich kann nicht mit Menschen leben, ich hasse unbedingt alle meine Verwandten, nicht deshalb, weil es meine Verwandten sind, nicht deswegen, weil sie schlechte Menschen wären..., sondern einfach deshalb, weil es die Menschen sind, die mir zunächst leben.«

Am häufigsten klagt er über Schlaflosigkeit. Vielleicht ist die Schlaflosigkeit nichts anderes als die Wachsamkeit über den Körper, die sich nicht abstellen läßt, die noch Drohungen vernimmt, auf Signale lauert, sie deutet und verbindet, Systeme von Gegenmaßnahmen entwirft und erst einen Punkt erreichen muß, in dem sie gesichert erscheinen: den Punkt des Gleichgewichts der Drohungen, die sich die Waage halten, den Punkt der Ruhe. Der Schlaf wird dann zur eigentlichen Erlösung, in dem seine Empfindlichkeit, diese unermüdliche Qual, ihn endlich losläßt und schwindet. Es findet sich eine Art Anbetung des Schlafes bei ihm, er sieht ihn als Allheilmittel, das Beste, was er Felice empfehlen kann, wenn ihr Zustand ihn beunruhigt, ist: »Schlafe! Schlafe!« Selbst der Leser vernimmt diesen Zuspruch wie eine Beschwörung, einen Segen.

Zu den Bedrohungen des Körpers gehören alle Gifte, die in ihn eingehen: als Atem; als Speise und Trank; als Arzneien.

Schlechte Luft ist gefährlich. Es ist oft bei Kafka von ihr

die Rede. Man denke an die Kanzleien auf dem Dachboden, im ›*Prozeß*‹, oder an das überheizte Atelier des Malers Titorelli. Die schlechte Luft wird als Unglück empfunden und führt bis an den Rand von Katastrophen. Die Reisetagebücher sind erfüllt vom Kult der guten Luft; aus seinen Briefen wird klar, wieviel er sich von frischer Luft erwartet. Er schläft, auch im kältesten Winter, immer bei offenem Fenster. Rauchen ist verpönt; Heizung verbraucht die Luft, er schreibt im ungeheizten Zimmer. Er turnt regelmäßig nackt vor dem offenen Fenster. Der Körper bietet sich der frischen Luft dar, so daß sie über Haut und Poren streichen kann. – Die wahre Luft aber ist draußen auf dem Land; das Landleben, zu dem er seine Lieblingsschwester Ottla ermutigt, macht er sich später für lange Monate selbst zu eigen.

Er sucht nach Nahrung, von deren Ungefährlichkeit er sich selbst überzeugen kann. Während längerer Perioden lebt er vegetarisch. Anfänglich wirkt diese Haltung nicht eigentlich als Askese; auf eine besorgte Anfrage von Felice schickt er ihr eine Liste der Früchte, von denen er abends zu sich nimmt. Gifte und Gefahren sucht er von seinem Körper fernzuhalten. Kaffee, Tee, Alkohol hat er sich selbstverständlich verboten.

Es ist etwas wie Leichtigkeit und Übermut in seinen Sätzen, wenn er von diesem Aspekt seines Lebens schreibt, während aus den Nachrichten über Schlaflosigkeit immer Verzweiflung spricht. Dieser Kontrast ist so auffallend, daß man sich versucht fühlt, ihn zu erklären. Zu den Empfehlungen der Naturheiler zieht ihn ihre Auffassung vom Körper als einer Einheit; ihre Ablehnung der Organtherapie macht er sich ganz zu eigen. Er, der in schlaflosen Stunden in seine Organe zerfällt, auf deren Signale er lauert, deren ominöse Regungen er bedenkt, bedarf einer Methode, die seinem Körper die Einheit vorschreibt. Die offizielle Medizin scheint ihm schädlich, weil sie sich zu sehr auf die vereinzelten Organe einläßt. In seiner Ablehnung der Medizin ist allerdings auch ein wenig Selbsthaß:

auch er findet sich auf der Symptomsuche, wenn er nachts schlaflos daliegt.

So stürzt er sich denn mit einer Art von Glücksgefühl in jede Aktivität, die die Einheit des Körpers verlangt und wiederherstellt. Schwimmen, Nacktturnen, zuhause wilde Sprünge die Treppen hinab, Laufen, lange Wanderungen im Freien, bei denen es sich gut atmen läßt, beleben ihn und geben ihm Hoffnung, daß er dem Zerfall der überwachen Nacht für einmal oder gar für länger entkommen könnte.

Gegen Ende Januar 1913 hat Kafka das Schreiben an seinem Roman nach wiederholten unglücklichen Versuchen endgültig aufgegeben, und so verschiebt sich der Akzent in den Briefen mehr und mehr auf die Klage. Man möchte sagen, daß die Briefe nun überhaupt nur noch der Klage dienen. Seine Unzufriedenheit wird durch nichts mehr aufgewogen; die Nächte, in denen er zu sich kam, seine Rechtfertigung, sein einziges, wahres Leben, gehören vorerst der Vergangenheit an. Es hält ihn nun nichts mehr zusammen als Klage, statt des Schreibens wird sie zu seiner – um vieles geringerwertigen – Einheit, aber ohne sie würde er ganz verstummen und in seine Schmerzen zerfallen. Er hat sich an die Freiheit der Briefe gewöhnt, in denen er alles aussprechen kann, wenigstens hier lockert sich die Verstocktheit, unter der er im Umgang mit Menschen leidet. Er braucht die Briefe der Felice, die ihm wie früher von ihrem Berliner Leben berichtet, und kann er sich nicht an ein frisches Wort von ihr hängen, »ist er wie im Leeren«. Denn trotz der Unsicherheit, »die hinter dem Nichtschreiben hergeht als sein böser Geist«, bleibt er sich selber immer Gegenstand der Beobachtung; und hat man sich einmal damit abgefunden, die Litanei der Klage als eine Art von Sprache hinzunehmen, in die alles übrige gerettet ist, so vernimmt man, in diesem nie verstummenden Medium, die merkwürdigsten Dinge über ihn, Aussagen von einer Präzision und Wahrheit, wie sie nur wenigen gegeben waren.

Es ist ein unvorstellbares Maß von Intimität in diesen Briefen: sie sind intimer, als es die vollkommene Darstellung eines Glückes wäre. Es gibt keinen vergleichbaren Bericht eines Zaudernden, keine Selbstentblößung von solcher Treue. Für einen primitiven Menschen ist dieser Briefwechsel kaum zu lesen, er müßte ihm als das schamlose Schauspiel einer seelischen Impotenz erscheinen; denn alles findet sich immer wieder, was dazu gehört: Entschlußlosigkeit, Ängstlichkeit, Gefühlskälte, detailliert dargestellter Mangel an Liebe, eine Hilflosigkeit von solchen Ausmaßen, daß sie nur durch ihre übergenaue Schilderung glaubwürdig wird. Aber es ist alles so gefaßt, daß es auf der Stelle zu Gesetz und Erkenntnis wird. Ein wenig ungläubig anfangs, doch mit rapid zunehmender Sicherheit erlebt man, daß nichts davon sich je wieder vergißt, als sei es einem, wie in der ›*Strafkolonie*‹, in die Haut geschrieben. Es gibt Dichter, allerdings nur wenige, die so ganz sie selbst sind, daß einem jede Äußerung über sie, die man sich herausnimmt, als Barbarei vorkommen möchte. Ein solcher Dichter war Franz Kafka; so muß man sich, auf die Gefahr hin, unfrei zu erscheinen, so eng wie möglich an seine eigenen Äußerungen halten. Gewiß empfindet man Scham, wenn man damit beginnt, in die Intimität dieser Briefe einzudringen. Aber sie selber sind es dann, die einem diese Scham nehmen. Denn an ihnen geht einem auf, daß eine Erzählung wie die ›*Verwandlung*‹ noch intimer ist als sie, und man weiß endlich, was daran anders ist als an jeder anderen Erzählung.

Das Wichtige an Felice war, daß es sie gab, daß sie nicht erfunden war und daß sie so, wie sie war, nicht von Kafka zu erfinden gewesen wäre. Sie war so verschieden, so tätig, so kompakt. Solange er sie aus der Ferne umkreiste, vergötterte und quälte er sie. Seine Fragen, seine Bitten, seine Ängste, seine winzigen Hoffnungen häufte er auf sie, um Briefe zu erzwingen. Was sie ihm an Liebe zuwende, gehe ihm als Blut durch das Herz, er habe kein anderes. Ob ihr nicht auffalle, daß er sie in seinen Briefen nicht eigentlich liebe, denn dann müßte er doch nur an sie denken und von ihr schreiben, sondern daß er sie eigentlich anbete und irgendwie Hilfe und Segen in den unsinnigsten Dingen von ihr erwarte. »Manchmal denke ich, Du hast doch, Felice, eine solche Macht über mich, verwandle mich doch zu einem Menschen, der des Selbstverständlichen fähig ist.« In einem guten Augenblick sagt er ihr Dank: »Was für ein Gefühl, bei Dir aufgehoben zu sein, vor dieser ungeheuren Welt, mit der ich es nur in Nächten des Schreibens aufzunehmen wage.«

Er spürt die kleinste Wunde des anderen an sich. Seine Grausamkeit ist die des Nicht-Kämpfenden, der die Wunde *vorher* fühlt. Er scheut den Zusammenstoß, alles schneidet *ihm* ins Fleisch, und dem Feind geschieht nichts. Wenn in einem seiner Briefe etwas steht, das Felice kränken könnte, macht er sie im nächsten darauf aufmerksam, stößt sie darauf, wiederholt seine Entschuldigung, sie bemerkt nichts, sie weiß meist nicht einmal, wovon die Rede ist. So hat er sie auf seine Weise als Feind behandelt.

In wenigen Worten gelingt es ihm, das Wesen seiner Unentschlossenheit zu fassen: »Hast Du jemals . . . Unsicherheit gekannt, gesehen, wie sich für dich allein, ohne Rücksicht auf andere, verschiedene Möglichkeiten hierhin und dorthin eröffnen und damit eigentlich ein Verbot entsteht, Dich überhaupt zu rühren . . .«

Die Bedeutung dieser verschiedenen Möglichkeiten, die sich hierhin und dorthin eröffnen, die Tatsache, daß er sie alle gleichzeitig sieht, ist gar nicht zu überschätzen. Sie erklären seine eigentliche Beziehung zur Zukunft. Denn aus tastenden Schritten in immer andere Möglichkeiten von Zukunft besteht zum guten Teil sein Werk. Er anerkennt nicht *eine* Zukunft, es sind ihrer viele, ihre Vielheit lähmt ihn und beschwert seinen Schritt. Nur beim Schreiben, wenn er zögernd auf eine von ihnen zugeht, faßt er sie unter Ausschluß der andern ins Auge, aber es ist nie mehr von ihr zu erkennen, als der nächste Schritt erlaubt. Die

Verdecktheit des Ferneren ist dann seine eigentliche Kunst. Wahrscheinlich ist es dieser Fortgang in eine Richtung, die Ablösung von allen anderen Richtungen, die möglich wären, was ihn beim Schreiben glücklich macht. Das Maß der Leistung ist das Gehen selbst, die Deutlichkeit der Schritte, die gelingen, und daß keiner übersprungen wird, daß keiner, sobald er einmal getan wurde, zweifelhaft bleibt. »Ich kann ... nicht eigentlich erzählen, ja fast nicht einmal reden; wenn ich erzähle, habe ich meistens ein Gefühl, wie es kleine Kinder haben könnten, die die ersten Gehversuche machen.«

Über die Schwierigkeiten des Redens, seine Verstocktheit unter Menschen klagt er immer wieder und beschreibt sie mit unheimlicher Klarheit: »Wieder einen unnötigen Abend mit verschiedenen Leuten verbracht ... Ich biß mir in die Lippen, um mich bei der Sache zu halten, war aber trotz aller Anstrengung doch nicht da, war aber auch durchaus nicht anderswo; existierte ich also vielleicht nicht in diesen zwei Stunden? Es muß so sein, denn hätte ich dort auf meinem Sessel geschlafen, meine Gegenwart wäre überzeugender gewesen.« »Ich glaube wirklich, ich bin für den menschlichen Verkehr verloren.« Er versteigt sich sogar bis zu der befremdlichen Behauptung, daß er auf all den wochenlangen Reisen mit Max Brod nicht *ein* großes, zusammenhängendes, sein ganzes Wesen heraushebendes Gespräch mit ihm geführt habe.

»Am erträglichsten bin ich noch in bekannten Räumen mit 2 oder 3 Bekannten, da bin ich frei, es besteht kein Zwang zu fortwährender Aufmerksamkeit und Mitarbeit, aber wenn ich Lust habe, kann ich wenn ich will an dem Gemeinsamen mich beteiligen, so lang oder so kurz ich will, niemand vermißt mich, niemandem werde ich unbehaglich. Ist noch irgendein fremder Mensch da, der mir ins Blut geht, desto besser, da kann ich scheinbar von geborgter Kraft ganz lebendig werden. Bin ich aber in einer fremden Wohnung, unter mehreren fremden Leuten oder solchen, die ich als fremd fühle, dann liegt mir das ganze Zimmer auf der Brust und ich kann mich nicht rühren . . .«

Solche Schilderungen wendet er immer als Warnung gegen sich, und so zahllos diese nun werden, er faßt sie immer wieder neu. »Ich ruhe eben nicht in mir, ich bin nicht immer ›etwas‹, und wenn ich einmal ›etwas‹ war, so bezahle ich es mit dem ›Nichtsein‹ von Monaten.« Er vergleicht sich einem Vogel, der durch irgendeinen Fluch von seinem Nest abgehalten, dieses gänzlich leere Nest immerfort umfliege und niemals aus dem Auge lasse.

»Ich bin ein anderer Mensch, als ich in den ersten 2 Monaten unsres Briefwechsels war; es ist keine neue Verwandlung, sondern eine Rückverwandlung und wohl eine dauernde.« – »Mein gegenwärtiger Zustand . . . ist kein Ausnahmezustand. Ergib Dich, Felice, nicht solchen Täuschungen. Nicht 2 Tage könntest Du neben mir leben.« – »Schließlich bist Du doch ein Mädchen und willst einen Mann und nicht einen weichen Wurm auf der Erde.«

Zu den Gegenmythen, die er sich zum Schutze hingestellt hat, durch die er die physische Annäherung und das Eindringen von Felice in sein Leben zu verhindern sucht, gehört der von seiner Abneigung gegen Kinder.

»Ich werde niemals ein Kind haben«, schreibt er schon früh, am 8. November, aber er drückt es noch als Neid gegen eine seiner Schwestern aus, die eben ein Mädchen geboren hat. Ernster wird es Ende Dezember, als seine Enttäuschung über Felice sich in vier Nächten hintereinander zu immer düsterer und feindlicher werdenden Briefen steigert. Den ersten kennt man ja, es ist jener Ausbruch gegen Eulenberg, ebenso den zweiten, in dem er ihr das Fehlen jeglicher Reaktion auf seine ›Betrachtung‹ vorwirft. Im dritten zitiert er aus einer Sammlung von Aussprüchen Napoleons den Satz: »Es ist fürchterlich, kinderlos zu sterben.« Er fügt hinzu: »Und das auf mich zu nehmen, muß ich mich bereit machen, denn . . . dem Wagnis, Vater zu sein, würde ich mich niemals aussetzen dürfen.« Im vierten Brief aus der Silvesternacht fühlt er sich verlassen wie ein

Hund und schildert beinahe gehässig den Silvesterlärm auf der Straße. Am Schluß des Briefes erwidert er dann auf einen Satz von ihr, »wir gehören unbedingt zusammen«, das sei tausendfach wahr, und er hätte jetzt in den ersten Stunden des neuen Jahres keinen größeren und keinen närrischeren Wunsch, »als daß wir an den Handgelenken Deiner linken und meiner rechten Hand unlösbar zusammengebunden wären. Ich weiß nicht recht, warum mir das einfällt, vielleicht weil vor mir ein Buch über die Französische Revolution steht und weil es immerhin möglich ist . . ., daß einmal auf solche Weise zusammengebunden ein Paar zum Schafott geführt wurde. – Aber was läuft mir denn da alles durch den Kopf . . . Das macht die 13 in der neuen Jahreszahl.«

Die Ehe als Schafott – mit dieser Vorstellung hatte das neue Jahr für ihn begonnen. Daran hat sich, allen Schwankungen und widerstreitenden Ereignissen zum Trotz, während des ganzen Jahres nichts für ihn geändert. Am quälendsten in seiner Vorstellung von Ehe muß es für ihn sein, daß man nicht ins Kleine verschwinden kann: man muß da sein. Die Angst vor der Übermacht ist zentral für Kafka, und sein Mittel, sich ihrer zu erwehren, ist die Verwandlung ins Kleine. Die Heiligung der Orte und der Zustände, die sich bei ihm so erstaunlich auswirkt, daß man sie als zwanghaft empfindet, ist nichts anderes als die Heiligung des Menschen. Jeder Ort, jeder Moment, jeder Zug, jeder Schritt ist ernst und wichtig und eigentümlich. Der Vergewaltigung, die ungerecht ist, muß man sich entziehen, indem man so weit wie möglich entschwindet. Man wird sehr klein oder verwandelt sich in ein Insekt, um den anderen die Schuld zu ersparen, die sie durch Lieblosigkeit und Tötung auf sich laden; man ›enthungert‹ sich den anderen, die mit ihren eklen Gebräuchen von einem nicht ablassen wollen. Es gibt aber keine Situation, in der diese Entziehung weniger möglich wäre als die Ehe. Man muß immer da sein, ob man will oder nicht, einen Teil des Tages und einen Teil der Nacht, in einer Größenordnung, die der des Partners entspricht, die nicht zu ändern ist, sonst ist es keine Ehe. Die Position des Kleinen aber, die es auch da gibt, ist usurpiert von den Kindern.

An einem Sonntag erlebt er zuhause »das wahnsinnige, einförmige, ununterbrochene, immer wieder mit frischer Kraft einsetzende Geschrei und Singen und Händeklatschen«, mit dem sein Vater am Vormittag einen Großneffen, am Nachmittag einen Enkel belustigt. Die Tänze der Neger sind ihm verständlicher. Aber vielleicht, meint er, sei es gar nicht das Geschrei, das ihn so angreife, es gehöre überhaupt Kraft dazu, Kinder in der Wohnung zu ertragen. »Ich kann es nicht, ich kann nicht an mich vergessen, mein Blut will nicht weiterströmen, es ist ganz verstockt«, und dieses Verlangen des Blutes sei es ja, das sich als Liebe zu Kindern darstelle.

Es ist also schon auch Neid, was Kafka in Gegenwart von Kindern empfindet, aber ein Neid anderer Art, als man vielleicht erwarten würde, ein Neid, der mit Mißbilligung gepaart ist. Erst scheinen die Kinder die Usurpatoren des Kleinen zu sein, in das er selber schlüpfen möchte. Es zeigt sich aber, daß sie nicht das eigentlich Kleine sind, das verschwinden will wie er. Sie sind das falsche Kleine, das dem Lärm und den peinlichen Einwirkungen der Erwachsenen ausgesetzt ist, das Kleine, das dazu angereizt wird, größer zu werden, und es dann auch werden will, der tiefsten Tendenz seiner Natur entgegengesetzt: kleiner, leiser, leichter werden, bis man verschwindet.

Sucht man nun auch nach seinen Möglichkeiten des Glücks, oder wenigstens des Wohlbefindens, so ist man nach allen Zeugnissen des Verzagens, der Verstocktheit und des Versagens beinahe überrascht, welche zu finden, die Kraft und Bestimmtheit haben.

Da ist vor allem die Einsamkeit des Schreibens. Mitten in der Niederschrift der ›*Verwandlung*‹, in seiner erfülltesten Zeit, bittet er Felice, ihm nicht nachts noch im Bett zu schreiben, sondern lieber zu schlafen. Sie soll *ihm* das

Schreiben in der Nacht überlassen, diese kleine Möglichkeit des Stolzes auf die Nachtarbeit; und zum Beweis dessen, daß die Nachtarbeit überall, auch in China, den Männern gehört, schreibt er ein kleines chinesisches Gedicht für sie ab, das er besonders liebt. Ein Gelehrter hat über seinem Buch die Stunde des Zubettgehens vergessen. Seine Freundin, die mit Mühe bis dahin ihren Zorn beherrschte, reißt ihm die Lampe weg und fragt ihn: »Weißt Du, wie spät es ist?«

So sieht er seine Nachtarbeit, solange es ihm gut geht, und als er das Gedicht zitiert, ist er sich noch keiner Spitze gegen Felice bewußt. Später, am 14. Januar, als die Situation sich verändert, Felice ihn enttäuscht hat und das Schreiben zu versagen beginnt, fällt ihm der chinesische Gelehrte wieder ein; aber nun wird er zur Abgrenzung gegen Felice verwendet: »Einmal schriebst Du, Du wolltest bei mir sitzen, während ich schreibe; denke nur, da könnte ich nicht schreiben ... Schreiben heißt ja sich öffnen bis zum Übermaß ... Deshalb kann man nicht genug allein sein, wenn man schreibt, deshalb kann es nicht still genug um einen sein, wenn man schreibt, die Nacht ist noch zu wenig Nacht. Deshalb kann nicht genug Zeit einem zur Verfügung stehen, denn die Wege sind lang, und man irrt leicht ab ... Oft dachte ich schon daran, daß es die beste Lebensweise für mich wäre, mit Schreibzeug und einer Lampe im innersten Raume eines ausgedehnten, abgesperrten Kellers zu sein. Das Essen brächte man mir, stellte es immer weit von meinem Raum entfernt hinter der äußersten Tür des Kellers nieder. Der Weg um das Essen, im Schlafrock, durch alle Kellergewölbe hindurch wäre mein einziger Spaziergang. Dann kehrte ich zu meinem Tisch zurück, würde langsam und mit Bedacht essen und wieder gleich zu schreiben anfangen. Was ich dann schreiben würde! Aus welchen Tiefen ich es hervorreißen würde!«

Man muß diesen herrlichen Brief ganz lesen, es ist nie etwas über das Schreiben gesagt worden, das reiner und strenger wäre. Alle Elfenbeintürme der Welt stürzen ein angesichts dieses Kellerbewohners, und das mißbrauchte, entleerte Wort von der ›Einsamkeit‹ des Dichters hat plötzlich wieder Gewicht und Bedeutung.

Dies ist das einzige und eigentliche Glück, das für ihn gilt, zu dem es ihn mit jeder Faser hinzieht. Eine zweite Situation, ganz anderer Art, die ihn befriedigt, ist die des Danebenstehens, die Betrachtung der Lust anderer, die ihn auslassen, die nichts von ihm erwarten. So findet er sich zum Beispiel gern unter Menschen, die alles essen und trinken, was er sich selbst versagt: »Wenn ich an einem Tisch mit 10 Bekannten sitze und alle trinken schwarzen Kaffee, habe ich bei diesem Anblick eine Art Glücksgefühl. Fleisch kann um mich dampfen, Biergläser können in großen Zügen geleert werden, diese saftigen jüdischen Würste ... können von allen Verwandten rings herum aufgeschnitten werden ... – alles das und noch viel Ärgeres macht mir nicht den geringsten Widerwillen, sondern tut mir im Gegenteil überaus wohl. Es ist ganz gewiß nicht Schadenfreude ..., es ist vielmehr die Ruhe, die gänzlich neidlose Ruhe beim Anblick fremder Lust.«

Vielleicht sind diese beiden Situationen des Wohlbefindens die, die man bei ihm erwarten würde, wenn auch die zweite stärker akzentuiert ist, als man sich vorgestellt hätte. Wirklich überraschend ist es aber zu finden, daß ihm auch das Glück der Expansion gegeben ist, und zwar im *Vorlesen*. Wann immer er Felice berichtet, daß er aus seinen Sachen vorgelesen hat, ist der Ton seiner Briefe ein anderer. Er, der nicht weinen kann, hat am Ende der Vorlesung des ›*Urteils*‹ Tränen in den Augen. Der Brief vom 4. Dezember, unmittelbar nach dieser Vorlesung, ist in seiner Wildheit geradezu erstaunlich: »Liebste, ich lese ... höllisch gerne vor, in vorbereitete und aufmerksame Ohren der Zuhörer zu brüllen, tut dem armen Herzen so wohl. Ich habe sie aber auch tüchtig angebrüllt und die Musik, die von den Nebensälen her mir die Mühe des Vorlesens abnehmen wollte, habe ich einfach fortgeblasen.

Weißt Du, Menschen kommandieren oder wenigstens an sein Kommando glauben – es gibt kein größeres Wohlbehagen für den Körper.« Noch vor wenigen Jahren habe er gern davon geträumt, in einem großen, mit Menschen angefüllten Saal die ganze ›Education sentimentale‹ – das Buch Flauberts, das er am leidenschaftlichsten liebte – ohne Unterbrechung so viele Tage und Nächte lang, als sich für notwendig ergeben würde, französisch vorzulesen – »und die Wände sollten widerhallen«.

Es ist nicht wirklich das ›Kommandieren‹ – hier drückt er sich einmal infolge der Exaltation, in der er sich noch befindet, nicht ganz genau aus –, es ist das *Gesetz*, das er verkünden möchte: ein endlich gesichertes Gesetz, und wenn es gar Flaubert ist, ist es für ihn wie das Gesetz Gottes, und er wäre sein Prophet. Aber er fühlt auch das Befreiende und Erheiternde dieser Art von Expansion, mitten im Elend des Februar und März berichtet er plötzlich einmal kurz Felice: »Ein schöner Abend bei Max. Ich las mich an meiner Geschichte in Raserei.« (Es handelt sich wahrscheinlich um den Schlußteil der ›*Verwandlung*‹.) »Wir haben es uns dann wohl sein lassen und viel gelacht. Wenn man Türen und Fenster gegen diese Welt absperrt, läßt sich doch hie und da der Schein und fast der Anfang einer Wirklichkeit eines schönen Daseins erzeugen.« –

Gegen Ende Februar bekommt Kafka von Felice einen Brief, über den er erschrickt, er klingt so, als habe er nichts gegen sich vorgebracht, als habe sie nichts gehört, nichts geglaubt, nichts begriffen. Er geht nicht gleich auf die Frage ein, die sie ihm stellt, antwortet aber dafür später mit ungewöhnlicher Schroffheit: »Letzthin fragtest Du mich . . . nach meinen Plänen und Aussichten. Ich habe über die Frage gestaunt . . . Ich habe natürlich gar keine Pläne, gar keine Aussichten, in die Zukunft gehen kann ich nicht, in die Zukunft stürzen, in die Zukunft mich wälzen, in die Zukunft stolpern, das kann ich und am besten kann ich liegen bleiben. Aber Pläne und Aussichten habe ich wahrhaftig keine, geht es mir gut, bin ich ganz von der Gegenwart erfüllt, geht es mir schlecht, verfluche ich schon die Gegenwart, wie erst die Zukunft!«

Es ist eine rhetorische Antwort, keine genaue, schon die völlig unglaubwürdige Art, wie er seine Beziehung zur Zukunft darstellt, beweist es. Es ist eine Abwehr in Panik; einige Monate später lernt man andere rhetorische Ausbrüche dieser Natur von ihm kennen, sie stechen von der sonst bei ihm üblichen ausbalancierten, gerechten Art seiner Sätze auffallend ab.

Aber seit diesem Brief beginnt sich der Gedanke eines Besuches in Berlin, mit dem er Wochen früher zu spielen anfing, zu befestigen. Er will Felice wiedersehen, um sie durch seine Person von sich abzuschrecken, da seine Briefe das nicht vermocht haben. Er wählt Ostern für den Besuch, er hat dann zwei freie Tage. Die Art, wie er den Besuch ankündigt, ist für seine Unentschlossenheit so charakteristisch, daß man aus diesen Briefen der Woche vor Ostern zitieren muß. Es ist das erstemal seit mehr als sieben Monaten, daß sie sich sehen sollen, ihr wirklich erstes Wiedersehen nach jenem einzigen Abend.

Am 16., dem Sonntag vor Ostern, schreibt er ihr: »Rundheraus gefragt, Felice, hättest Du Ostern, also Sonntag oder Montag, irgendeine beliebige Stunde für mich frei, und wenn Du sie frei hättest, würdest du es für gut halten, wenn ich komme?«

Am Montag schreibt er: »Ich weiß nicht, ob ich werde fahren können, heute ist es noch unsicher, morgen kann es schon gewiß sein . . . Mittwoch um 10 Uhr dürftest Du es schon bestimmt wissen.«

Am Dienstag: »An und für sich besteht das Hindernis für meine Reise noch und wird, fürchte ich, weiter bestehen, als Hindernis aber hat es seine Bedeutung verloren und ich könnte also, soweit dieses in Betracht kommt, kommen. Das wollte ich nur in Eile melden.«

Am Mittwoch: »Ich fahre nach Berlin zu keinem anderen Zweck, als um Dir, der durch Briefe Irregeführten, zu sagen und zu zeigen, wer ich eigentlich bin. Werde ich es persönlich deutlicher machen, als ich es schriftlich konnte? ... Wo kann ich Dich also Sonntag vormittag treffen? Sollte ich doch noch an der Fahrt verhindert werden, so würde ich Dir spätestens Samstag telegraphieren.«

Am Donnerstag: »... und zu den alten Drohungen neuerdings auftretende Drohungen möglicher Hindernisse der kleinen Reise. Jetzt Ostern gibt es gewöhnlich – ich hatte nicht daran gedacht – Kongresse aller möglichen Vereinigungen ...« An einem solchen Kongreß müßte er vielleicht als Vertreter seiner Versicherungsgesellschaft teilnehmen.

Am Freitag: »... Dabei ist es noch gar nicht sicher, ob ich fahre; erst morgen vormittag entscheidet es sich ... Wenn ich fahre, werde ich höchstwahrscheinlich im Askanischen Hof wohnen ... Ich muß mich aber ordentlich ausschlafen, ehe ich vor Dich trete.«

Diesen Brief wirft er erst Samstag früh, am 22., ein. Auf dem Umschlag steht, als letzte Nachricht: »Noch immer unentschieden.« – Aber dann, am selben Tag, steigt er in den Zug nach Berlin und trifft spätabends dort ein.

Am Ostersonntag, dem 23., schreibt er ihr vom Askanischen Hof: »Was ist geschehen, Felice? ... Nun bin ich in Berlin, muß nachmittag um 4 oder 5 Uhr wegfahren, die Stunden vergehen und ich höre nichts von Dir. Bitte schicke mir Antwort durch den Jungen ... Ich sitze im Askanischen Hof und warte.«

Felice hatte, was nach den widerstreitenden Ankündigungen der Woche begreiflich war, kaum noch an sein Kommen geglaubt. Er lag etwa 5 Stunden auf dem Kanapee in seinem Hotelzimmer, ihren ungewissen Anruf erwartend. Sie wohnte weit weg, schließlich sah er sie doch, sie hatte wenig Zeit, sie trafen sich im ganzen zweimal für wenige Augenblicke. Das war das erste Wiedersehen nach über sieben Monaten.

Aber selbst diese wenigen Augenblicke scheint Felice gut genützt zu haben. Sie nimmt die Verantwortung für alles auf sich. Er sei ihr unentbehrlich geworden, sagt sie. Das wichtige Ergebnis dieses Besuches ist der Beschluß eines Wiedersehens zu Pfingsten. Statt 7 Monaten soll die Trennung diesmal nur 7 Wochen dauern. Man hat den Eindruck, daß Felice ihnen beiden nun ein Ziel gesetzt hat und versucht, ihm Kraft zu einem Entschlusse einzuflößen.

14 Tage nach seiner Rückkehr überrascht er sie mit der Nachricht, daß er bei einem Gärtner draußen in einer Vorstadt von Prag gearbeitet habe, im kühlen Regen, nur in Hemd und Hose. Es habe ihm gut getan. Sein Hauptzweck sei, sich »für ein paar Stunden von der Selbstquälerei zu befreien, im Gegensatz zu der gespensterhaften Arbeit im Bureau ... eine stumpfsinnige, ehrliche, nützliche, schweigsame, einsame, gesunde, anstrengende Arbeit zu leisten«. So wolle er sich auch für die Nacht einen ein wenig besseren Schlaf verdienen. Kurz vorher hat er ihr einen Brief von Kurt Wolff beigelegt, in dem dieser um den ›*Heizer*‹ und die ›*Verwandlung*‹ bittet. Es wirkt wie die Wiederbelebung der Hoffnung, von ihr als Dichter gewertet zu werden.

Aber er hat ihr auch, schon am 1. April, einen ganz anderen Brief geschrieben, einen jener Gegenbriefe, die er vorher anzukündigen pflegt, um ihre Endgültigkeit zu unterstreichen. »Meine eigentliche Furcht – es kann wohl nichts Schlimmeres gesagt und angehört werden – ist die, daß ich Dich niemals werde besitzen können ... Daß ich neben Dir sitzen werde und wie es schon geschehen ist, das Atmen und Leben Deines Leibes an meiner Seite fühlen werde und im Grunde entfernter von Dir sein werde als jetzt in meinem Zimmer ... Daß ich für immer von Dir ausgeschlossen bleibe, ob Du Dich auch so tief zu mir herunterbeugst, daß es Dich in Gefahr bringt ...« Dieser Brief deutet auf eine Furcht vor Impotenz, aber man darf sie nicht überschätzen, sie ist nur als eine seiner vielfachen Körper-Ängste zu verstehen, von denen schon ausführlich die Rede war. Felice reagiert nicht darauf, als verstünde sie gar nicht, was gemeint sei, oder als kenne sie ihn nun schon zu gut, um verstehen zu wollen.

Aber während 10 Tagen, die sie in Frankfurt für ihre Firma verbringt, auf einer Ausstellung, hat er wenig Nachrichten von ihr, Postkarten etwa und ein Telegramm aus der Festhalle. Auch von Berlin, nach ihrer Rückkehr, schreibt sie seltener und kürzer. Vielleicht hat sie erkannt, daß es ihr einziges Mittel ist, auf ihn einzuwirken, und durch den Entzug von Briefen treibt sie ihn näher zu dem Entschluß, den sie von ihm erwartet. Er zeigt sich alarmiert. »Deine letzten Briefe sind anders. Meine Sachen sind Dir nicht mehr so wichtig und was noch viel ärger ist: es liegt Dir nicht mehr daran, mir von Dir zu schreiben.« Er bespricht die Pfingstreise mit ihr. Er will ihre Eltern kennenlernen, ein wichtiger Schritt. Er beschwört sie, ihn in Berlin nicht von der Bahn abzuholen, er komme immer in einem schrecklichen Zustand an.

Am 11. und 12. Mai sieht er sie wieder in Berlin. Er verbringt diesmal mehr Zeit mit ihr als zu Ostern und wird von ihrer Familie empfangen. Sie habe, schreibt er kurz danach, den Anblick vollständiger Resignation in bezug auf ihn dargeboten. »Ich fühlte mich so klein, und alle standen so riesengroß um mich herum mit so einem fatalistischen Zug im Gesicht. Das entsprach alles den Verhältnissen, sie besaßen Dich und waren deshalb groß, ich besaß Dich nicht und war deshalb klein ... Ich muß einen sehr häßlichen Eindruck auf sie gemacht haben ...!« Merkwürdig ist an diesem Brief die Übersetzung der Besitz- und Machtverhältnisse in physische Kleinheit und Größe. Das Kleine als das Ohnmächtige ist einem wohlvertraut aus seinen Werken. Das Gegenbild dazu hat man hier in den riesengroßen, für ihn übermächtigen Mitgliedern der Familie Bauer.

Es ist aber nicht nur die Familie, besonders die Mutter, die ihn erschreckt und lähmt, er ist auch beunruhigt über die Art seiner Wirkung auf Felice selbst: ». . . Du bist doch nicht ich, Dein Wesen ist Handeln, Du bist tätig, denkst rasch, bemerkst alles, ich hab Dich zuhause gesehen, . . . ich habe Dich unter fremden Leuten in Prag gesehn, immer warst Du anteilnehmend und doch sicher – mir aber gegenüber erschlaffst Du, siehst weg oder ins Gras, läßt meine dummen Worte und mein viel begründeteres Schweigen über Dich ergehen, willst nichts ernstlich von mir erfahren, leidest, leidest, leidest nur . . .« Kaum ist sie mit ihm allein, benimmt sie sich wie er: sie verstummt, sie wird unsicher und unlustig. Allerdings ist es wahrscheinlich, daß er den Grund zu ihrer Unsicherheit nicht richtig erfaßt hat. Sie kann nichts ernstlich von ihm erfahren wollen, denn sie weiß, was es wäre, das sie erfahren würde: neue und sehr beredte Zweifel, denen sie nichts entgegenzusetzen hätte als ihre einfache Entschlossenheit zur Verlobung. Es ist übrigens auffallend, wie sehr seine Vorstellung von ihr noch von jenem einen Abend in Prag »unter fremden Leuten« bestimmt ist. Man wird nun vielleicht einsehen, warum zu Beginn von jenem ersten Abend so ausführlich die Rede war.

Doch wie immer die neuen Bedenken lauteten, die durch ihr Verhalten in seiner Gegenwart entstanden sind, er verspricht, ihrem Vater einen Brief zu schreiben, den er ihr vorher zur Beurteilung einschicken will. Am 16. Mai kündigt er ihn an, am 18. wieder, am 23. verzeichnet er ausführlich, was darin stehen wird, aber er kommt nie, er gelingt ihm nicht, er kann ihn nicht schreiben. Sie bedient sich indessen ihrer einzigen Waffe: Schweigen, und läßt ihn 10 Tage ohne Nachricht. Es kommt »das Gespenst eines Briefes«, über den er sich bitter beklagt, er zitiert ihn: »Wir sitzen alle zusammen hier im Restaurant am Zoo, nachdem wir den ganzen Tag im Zoo gesessen haben. Ich schreibe jetzt hier unter dem Tisch und unterhalte mich nebenbei über Reisepläne für den Sommer.« Er fleht sie an um Briefe wie früher: »Liebste Felice, bitte, schreibe mir wieder von Dir wie in früherer Zeit, vom Bureau, von Freundinnen, von der Familie, von Spaziergängen, von Büchern, Du weißt nicht, wie ich das zum Leben brauche.« Er will wissen, ob sie im ›*Urteil*‹ irgendeinen Sinn findet. Er schickt ihr den eben erschienenen ›*Heizer*‹. Einmal schreibt sie ausführlicher und diesmal selber zweifelnd. Er bereitet eine »Abhandlung« zur Beantwortung vor, die aber noch nicht fertig ist, nach dieser Meldung von ihr stocken ihre Briefe wieder. Am 15. Juni, in Verzweiflung über ihr Schweigen, schreibt er: »Was will ich denn nur von Dir? Was treibt mich hinter Dir her? Warum lasse ich nicht ab, folge keinem Zeichen? Unter dem Vorwand, Dich von mir befreien zu wollen, dränge ich mich an Dich . . .« Dann, am 16. Juni, schickt er ihr endlich die »Abhandlung« ein, an der er eine ganze Woche mit Stockungen geschrieben hat. Es ist der Brief, in dem er sie darum bittet, seine Frau zu werden.

Es ist der sonderbarste aller Heiratsanträge. Er häuft darin die Schwierigkeiten, er sagt unzählige Dinge über sich, die einem Zusammenleben in einer Ehe im Wege stehen, und verlangt von ihr, daß sie auf alle diese Dinge eingehe. In Briefen, die diesem folgen, fügt er weitere Schwierigkeiten hinzu. Sein eigener Widerstand gegen ein Zusammenleben mit einer Frau kommt darin sehr klar zum Ausdruck. Aber ebenso klar ist es auch, daß er die Einsamkeit fürchtet und an die Kraft denkt, die ihm die Gegenwart eines anderen Menschen geben könnte. Er stellt im Grunde unerfüllbare Bedingungen für eine Ehe und er rechnet mit einer Absage, die er wünscht und provoziert. Aber er hofft auch auf ein starkes, unbeirrbares Gefühl bei ihr, das alle Schwierigkeiten beiseite fegt und es ihnen zum Trotz mit ihm aufnimmt. Sobald sie Ja sagt, wird ihm klar, daß er diese Entscheidung ihr gar nicht hätte überlassen dürfen. »Die Gegenbeweise sind nicht zu Ende, denn ihre Reihe ist unendlich.« Er geht wie zum Schein auf ihr Ja ein und nimmt sie als seine »liebe Braut. Und gleich darauf . . . sage ich, daß ich eine unsinnige Angst vor unserer Zukunft habe und vor dem Unglück, das sich durch meine Natur und Schuld aus unserem Zusammenleben entwickeln kann und das zuerst und vollständig Dich treffen muß, denn ich bin im Grunde ein kalter, eigennütziger und gefühlloser Mensch und trotz aller Schwäche, die das mehr verdeckt als mildert.«

Und nun beginnt sein unerbittlicher Kampf gegen die Verlobung, der sich über die nächsten zwei Monate erstreckt und mit seiner Flucht endet. Für die Art dieses Kampfes ist der eben zitierte Satz charakteristisch. Während er sich früher – man möchte sagen: redlich – geschildert hat, kommt nun mit zunehmender Panik ein rhetorischer Ton in seine Briefe. Er wird zu einem Advokaten gegen sich selbst, der mit allen Mitteln arbeitet, und es ist nicht zu leugnen, daß diese manchmal beschämender Natur sind. Er läßt – auf Veranlassung seiner Mutter – durch ein Detektivbureau in Berlin Erkundigungen über Felicens Ruf einziehen und schildert ihr dann das »ebenso grausliche wie urkomische Elaborat. Wir werden noch darüber lachen«. Sie scheint das, vielleicht wegen des lustigen Tons, dessen Falschheit sie nicht durchschaut, ruhig hinzunehmen. Aber gleich danach, am 3. Juli, seinem 30. Geburtstag, teilt er ihr mit, daß seine Eltern den Wunsch geäußert hätten, Erkundigungen auch über ihre Familie einzuziehen, und er habe seine Einwilligung dazu gegeben. Damit aber hat er sie tief verletzt, Felice liebt ihre Familie. Er verteidigt seinen Schritt mit sophistischen Argumenten, sogar seine Schlaflosigkeit muß wieder herhalten, und obwohl er sein Unrecht keineswegs zugibt, bittet er sie um Entschuldigung, weil er sie gekränkt habe, und zieht die Einwilligung zur Einholung der Auskunft bei seinen Eltern zurück. Diese Affäre steht in solchem Widerspruch zu seinem sonstigen Charakter, daß sie nur durch seine panische Angst vor den Folgen der Verlobung zu erklären wäre.

Wenn es um Errettung von der Ehe geht, bleibt ihm nur Beredsamkeit gegen sich. Sie ist auf der Stelle als solche zu erkennen, ihr Hauptzeichen ist die Verkleidung seiner eigenen Ängste in Besorgnisse um Felice. »Winde ich mich nicht seit Monaten vor Dir wie etwas Giftiges? Bin ich nicht bald hier, bald dort? Wird Dir noch nicht elend bei meinem Anblick? Siehst Du noch immer nicht, daß ich in mich eingesperrt bleiben muß, wenn Unglück, Dein, Dein Unglück, Felice, verhütet werden soll?« Er fordert sie auf, für ihn *Gegenwerbung* bei ihrem Vater zu betreiben, selbst durch Preisgabe seiner Briefe.: »Sei, Felice, ehrlich Deinem Vater gegenüber, wenn ich es schon nicht war, sag ihm, wer ich bin, zeig ihm Briefe, steige mit seiner Hilfe aus dem fluchwürdigen Kreis, in den ich, verblendet durch Liebe wie ich war und bin, Dich mit meinen Briefen und Bitten und Beschwörungen gedrängt habe.« Der rhapsodische Ton ist hier beinahe wie von Werfel, er kannte ihn gut und fühlte sich auf heute unerklärlich scheinende Art von ihm angezogen.

An der Wahrhaftigkeit seiner Qual ist nicht zu zweifeln, und wenn er Felice aus dem Spiel läßt, die hier nur noch als Blendwerk erscheint, sagt er Dinge über sich, die einen ins Herz treffen. Seine Einsicht in seine Verfassung und Natur ist erbarmungslos und furchtbar. Ich führe unter vielen Sätzen hier einen nur an, der mir als der wichtigste und schrecklichste erscheint: daß nämlich Angst neben Gleichgültigkeit das Grundgefühl sei, das er gegenüber Menschen habe.

Daraus würde sich die Einzigartigkeit seines Werkes erklären, in dem die meisten Affekte, von denen die Literatur geschwätzig und chaotisch wimmelt, *fehlen*. Bedenkt man es mit einigem Mut, so ist unsere Welt eine geworden, in der Angst und Gleichgültigkeit vorherrschen. Indem Kafka sich ohne Nachsicht ausgedrückt hat, hat er als erster das Bild *dieser* Welt gegeben.

Am 2. September, nach zwei Monaten unaufhörlich sich steigernder Qual, kündigt Kafka ganz plötzlich Felice seine Flucht an. Es ist ein langer Brief, und er ist in beiden Sprachen, der rhetorischen wie der seiner Einsicht, geschrieben. Für sie »das größte menschliche Glück« – es ist ihm natürlich keines –, auf das er für das Schreiben verzichte. Für sich die Lehre, die er von seinen Vorbildern beziehet: »Von den vier Menschen, die ich ... als meine eigentlichen Blutsverwandten fühle, von Grillparzer, Dostojewski, Kleist und Flaubert, hat nur Dostojewski geheiratet, und vielleicht nur Kleist, als er sich im Gedränge innerer und äußerer Not erschoß, den richtigen Ausweg gefunden.« Er fahre Samstag zu dem Internationalen Kongreß für Rettungswesen und Hygiene nach Wien, bleibe dort wahrscheinlich bis nächsten Samstag, fahre dann nach Riva ins Sanatorium, bleibe dort und werde dann in den letzten Tagen vielleicht eine kleine Reise durch Oberitalien machen. Sie solle die Zeit dazu verwenden, ruhig zu werden. Für den Preis ihrer Ruhe wolle er auf Briefe überhaupt verzichten. Es ist das erste Mal, daß er nicht um Briefe bittet. Auch er werde ihr nicht eigentlich schreiben. Vielleicht aus Takt verschweigt er ihr, daß der Kongreß in Wien, der ihn wirklich hinzieht, der Zionistenkongreß ist: es ist ein Jahr her, daß die gemeinsame Palästinareise besprochen wurde.

Er verbrachte schlimme Tage in Wien. Der Kongreß und die vielen Menschen, die er sah, waren in seinem desolaten Zustand für ihn unerträglich. Er versuchte vergeblich, sich mit Hilfe einiger Tagebuchaufzeichnungen zu fassen, und er fuhr weiter nach Venedig. In einem Brief an Felice aus Venedig wirkt seine Ablehnung einer Verbindung mit ihr dezidierter. Dann folgten die Tage in einem Sanatorium in Riva, wo er die ›Schweizerin‹ kennen lernte. Er näherte sich ihr rasch, es wurde eine Liebe daraus, die er bei aller Zartheit seiner Diskretion nie verleugnete; sie dauerte nicht länger als zehn Tage. Es scheint, daß sie ihn für eine Weile von seinem Selbsthaß erlöste. Während sechs Wochen, zwischen Mitte September und Ende Oktober, war die Verbindung zwischen Kafka und Felice abgebrochen. Er schrieb ihr nicht mehr, alles war damals für ihn erträglicher als ihr Drängen auf Verlobung. Da sie nichts mehr von ihm hörte, schickte sie ihm ihre Freundin Grete Bloch nach Prag, mit der Bitte, zwischen ihnen zu vermitteln. Über einen dritten Menschen begann nun eine neue und sehr merkwürdige Phase ihrer Beziehung.

Sobald Grete Bloch auf den Plan trat, spaltete sich Kafka. Die Briefe, die er im Jahr zuvor an Felice schrieb, richtet er jetzt an Grete Bloch. Es ist nun sie, über die er alles wissen will, und er stellt dieselben alten Fragen. Er will sich vorstellen, wie sie lebt, ihre Arbeit, ihr Bureau, ihre Reisen. Er will sofortige Antworten auf seine Briefe, und da sie manchmal mit Verspätung, wenn auch ganz geringer, kommen, bittet er sie um einen regelmäßigen Turnus, den sie allerdings ablehnt. Er interessiert sich für Fragen ihrer Gesundheit; er will wissen, was sie liest. In manchem hat er es leichter als mit Felice, Grete Bloch ist beweglicher, empfänglicher, leidenschaftlicher. So geht sie auf seine Anregungen ein; selbst wenn sie nicht gleich liest, was er ihr empfiehlt, sie merkt sich's und kommt später darauf zurück. Obschon sie ungesünder und unordentlicher lebt als Felice, denkt sie doch über seine Ratschläge in diesen Dingen nach, erwägt sie in ihren Antworten und stachelt ihn dadurch zu noch entschiedeneren Vorschlägen auf, er muß nicht fühlen, daß seine Einwirkung ganz unergiebig bleibt. Er ist in diesen Briefen sicherer; wenn es nicht um ihn ginge, wäre man versucht zu sagen: herrischer. Die Abbreviatur jener früheren Korrespondenz fällt ihm natürlich leichter als damals das Original, es ist eine Klaviatur, auf der er sich eingeübt hat. Etwas Spielerisches ist an diesen Briefen, was die früheren sehr selten hatten, und er wirbt ganz unverhohlen um ihre Neigung.

Zweierlei aber ist wesentlich anders als früher. Er klagt viel weniger, er ist beinahe sparsam mit Klagen. Da Grete Bloch sich ihm bald eröffnet und von ihren eigenen Schwierigkeiten berichtet, wird er von ihrer Traurigkeit ergriffen und spricht ihr zu, sie wird ein wenig zu seiner Leidensgenossin, ja schließlich zu ihm selbst. Er sucht sie mit seinen eigenen Abneigungen zu erfüllen, gegen Wien zum Beispiel, das er seit seiner Unglückswoche im vergangenen Sommer haßt und wohin er ihr schreibt. Er tut alles, um sie von Wien wegzubringen, und es gelingt ihm. Bei alledem hat sie das Glück, sehr geschäftstüchtig zu sein, wenigstens hält er sie dafür, es ist der einzige Zug, den sie mit Felice gemeinsam hat, und er kann sich daran wie früher stärken.

Der Hauptgegenstand dieser Briefe bleibt aber doch Felice. Als ihre Botin ist Grete Bloch zuerst in Prag erschienen. Von Anfang an kann er alles, was ihm in dieser Sache geschieht, offen mit ihr besprechen. Sie versteht sich darauf, die ursprüngliche Quelle seines Interesses an ihr immer weiter zu speisen. Schon im ersten Gespräch teilt sie ihm Dinge über Felice mit, die seinen Widerwillen erregen: die Geschichte ihrer Zahnbehandlung zum Beispiel, man wird über die neuen Goldzähne noch einiges hören. Aber sie vermittelt auch, wenn er in Not ist, und wenn nichts sonst mehr verfängt, gelingt es ihr, Felice zu einer Postkarte oder sonst einer Nachricht an ihn zu bewegen. Seine Dankbarkeit dafür steigert seine Neigung zu Grete Bloch, er macht es aber sehr klar, daß sein Interesse an Grete nicht nur mit ihrer beider Beziehung zu Felice zusammenhängt. Seine Briefe werden immer wärmer, soweit es um Grete geht, Felice aber schildert er darin mit Ironie und Abstand.

Eben diese Distanz, die er durch die Korrespondenz mit Grete Bloch erlangt, und gewiß auch die Gespräche mit dem Dichter Ernst Weiss, seinem neuen Freunde, der Felice nicht mag und von einer Heirat mit ihr abrät, verstärken Kafkas Eigensinn, der erneut um sie wirbt. Er zeigt sich entschlossen, die Verlobung und Heirat jetzt durchzusetzen und kämpft mit einer Zielsicherheit darum, die man ihm nach seinem früheren Verhalten nie zugetraut hätte. Seiner Schuld im vorigen Jahre bleibt er sich wohl bewußt, als er Felice im letzten Augenblick vor einer öffentlichen Verlobung plötzlich stehen ließ und nach Wien und Riva davonfuhr. In einem großen 40-Seiten-Brief von der Jahreswende 1913 auf 14 berichtet er Felice auch von der Schweizerin und hält zugleich zum zweitenmal um ihre Hand an.

Ihr Widerstand ist nicht weniger hartnäckig als seine

Werbung, nach ihrer Erfahrung mit ihm wäre das ihr schwerlich zu verargen. Aber gerade an diesem Widerstand wird er sicherer und obstinater. Er erträgt Demütigungen und peinliche Schläge, weil er sie Grete Bloch schildern kann, alles wird ihr sofort und ausführlich berichtet. Ein sehr beträchtlicher Teil seiner Selbstquälerei verwandelt sich in Anklage gegen Felice. Wenn man die Briefe liest, die oft am selben Tag gleich hintereinander an Grete und Felice geschrieben werden, ist es nicht zweifelhaft, wem seine Liebe gilt. Die Liebesworte, die in den Briefen an Felice stehen, klingen falsch und unglaubwürdig, in den Briefen an Grete Bloch fühlt man sie, meist unausgesprochen, aber um so gültiger, zwischen den Zeilen.

Felice aber bleibt 2 ½ Monate lang hart und gleichgültig. Alles Peinliche, was er im Vorjahr über sich geäußert hat, empfängt er jetzt, auf ihre primitiven Sätze reduziert, von ihr zurück. Meist aber äußert sie sich gar nicht; bei einem plötzlichen Besuch, den er ihr in Berlin macht, kommt er auf einem Spaziergang im Tiergarten zu seiner tiefsten Demütigung. Er erniedrigt sich vor ihr »wie ein Hund« und erlangt nichts. Der Bericht über diese Demütigung und die Wirkung, die sie auf ihn hatte, auf mehrere Briefe an Grete Bloch verteilt, ist auch abgesehen vom Zusammenhang dieser Verlobungsaffäre von Bedeutung. Er macht es evident, wie schwer Kafka unter Demütigungen litt. Gewiß war es seine eigenartigste Gabe, sich in Kleines zu verwandeln, aber er verwendete diese Begabung, um Demütigungen zu verringern, und die geglückte Verringerung war es, was ihm daran Lust machte. In dieser Hinsicht unterscheidet er sich sehr von Dostojewski, im Gegensatz zu diesem ist er einer der stolzesten Menschen. Da er von Dostojewski durchtränkt ist und sich oft in dessen Medium äußert, wird man manchmal verführt, ihn in diesem Punkt mißzuverstehen. Er sieht sich aber nie als Wurm, ohne sich dafür zu hassen.

Der Verlust ihres schönen, von ihr bewunderten Bruders, der – wie es scheint – wegen einer mißlichen Geldaffäre Berlin verlassen und nach Amerika auswandern mußte, hat Felice dann unsicher gemacht, und ihre Abwehr zerbröckelte. Kafka sieht seinen Vorteil sofort, und nach weiteren vier Wochen gelingt es ihm, sie endlich zur Verlobung zu zwingen. Ostern 1914 kommt es in Berlin zur inoffiziellen Verlobung.

Gleich nach seiner Rückkehr nach Prag berichtet er darüber an Grete Bloch: »Ich wüßte von nichts, das ich mit solcher Bestimmtheit jemals getan hätte.« Aber es gab auch etwas anderes, was er ihr nicht bald genug schreiben kann: »Meine Verlobung oder meine Heirat ändert nicht das Geringste an unserem Verhältnis, in welchem wenigstens für mich schöne und ganz unentbehrliche Möglichkeiten liegen.« Er äußert wieder seine Bitte um eine Zusammenkunft mit ihr, die er schon früher öfters ausgemalt hatte, am liebsten in Gmünd, halbwegs zwischen Prag und Wien. Während es früher von ihm so gedacht war, daß sie sich allein am Samstagabend in Gmünd treffen sollten und dann am Sonntagabend jeder wieder in seine Stadt zurückfahre, denkt er jetzt an eine Begegnung gemeinsam mit Felice.

Seine Wärme für Grete steigert sich seit der Osterverlobung. Ohne sie hätte er die Verlobung nicht zustande gebracht, das weiß er. Sie hat ihm Kraft und Distanz zu Felice gegeben. Aber jetzt, da es soweit ist, wird sie ihm noch unentbehrlicher. Seine Bitten um Fortsetzung der Freundschaft bekommen einen für seine Verhältnisse stürmischen Charakter. Sie verlangt ihre Briefe zurück, er will sie ihr nicht geben. Er hängt an ihnen, als wären es die seiner Braut. Er, der eigentlich niemand in Zimmer und Wohnung erträgt, lädt sie schon dringlich für den Winter in die gemeinsame Wohnung mit Felice ein. Er beschwört sie, nach Prag zu kommen und statt seines Vaters mit ihm zusammen nach Berlin zur offiziellen Verlobung zu fahren. Er nimmt weiter, vielleicht noch etwas intensiver, Anteil an ihren persönlichsten Affären. Sie meldet ihm, daß sie im

Wiener Museum das Grillparzerzimmer besucht hat, wozu er sie schon lange gedrängt hatte. Er bedankt sich für diese Nachricht mit folgenden Sätzen: »Es war sehr lieb von Ihnen, daß Sie ins Museum gegangen sind ... Ich hatte das Bedürfnis zu wissen, daß Sie im Grillparzerzimmer gewesen sind und daß dadurch auch zwischen mir und dem Zimmer eine körperliche Beziehung entstanden ist.« Sie hat Zahnschmerzen, er reagiert darauf mit vielen besorgten Fragen und schildert bei dieser Gelegenheit die Wirkung des »fast vollständigen Goldgebisses« der Felice auf ihn: »In der ersten Zeit mußte ich, um die Wahrheit zu sagen, vor F.'s Zähnen die Augen senken, so erschreckte mich dieses glänzende Gold (an dieser unpassenden Stelle wirklich ein höllenmäßiger Glanz) ... Später sah ich, wenn es nur anging, absichtlich hin, ... um mich zu quälen und um mir schließlich zu glauben, daß das alles wirklich wahr sei. In einem selbstvergessenen Augenblick fragte ich F. sogar, ob sie sich nicht schäme. Natürlich schämte sie sich glücklicherweise nicht. Jetzt aber bin ich damit ... fast ganz ausgesöhnt. Ich würde die Goldzähne nicht mehr wegwünschen ... weggewünscht habe ich sie eigentlich niemals. Nur scheinen sie mir heute fast passend, besonders präcis ... ein ganz deutlicher, freundlicher, immer aufzuzeigender, für die Augen niemals wegzuleugnender, menschlicher Fehler, der mich vielleicht F. näher bringt, als es ein, im gewissen Sinn auch fürchterliches, gesundes Gebiß imstande wäre.«

Mit ihren Fehlern, die er jetzt sah, es gab noch andere als die Goldzähne, wollte er Felice nun zur Frau nehmen. Er hatte sich ihr im vergangenen Jahr mit all seinen Fehlern auf die furchtbarste Weise dargestellt. Er hatte sie mit diesem Bilde von sich nicht abschrecken können, aber seine Wahrheit hatte solche Gewalt über ihn bekommen, daß er ihr und Felice nach Wien und dann nach Riva entfloh. Dort, in seiner Einsamkeit und im tiefsten Elend, traf er die ›Schweizerin‹ und vermochte, wozu er sich außerstande gefühlt hatte, zu lieben. Damit war seine

›Konstruktion‹ über sich, wie er es später nannte, erschüttert. Ich glaube, es wurde nun auch zu einer Frage seines Stolzes, sein Versagen gutzumachen und Felice doch zur Frau zu gewinnen. Aber nun erfuhr er die Wirkung seiner Selbstdarstellung als zähen Widerstand bei ihr. Ein Ausgleich war nur möglich, wenn er sie mit all ihren Fehlern, nach denen er nun begierig suchte, zur Frau nahm, so wie sie ihn zum Mann. Aber Liebe war es nicht, obwohl er's ihr anders sagte. Im Verlauf des sehr harten Kampfes um Felice entstand seine Liebe zu der Frau, ohne deren Hilfe er diesen Kampf nicht bestanden hätte, zu Grete Bloch. Die Ehe war nur vollständig, wenn er sie dabei mitdachte. Alle seine instinktiven Handlungen in den sieben Wochen zwischen Ostern und Pfingsten gehen in diese Richtung. Sicher hoffte er auch auf ihre Hilfe in den peinlichen äußeren Situationen, in denen er sich nun bald befinden würde und die er fürchtete. Aber es spielte die umfassendere Vorstellung mit, daß eine Ehe, die er als eine Art Pflicht, als moralische Leistung empfand, nicht gelingen konnte ohne Liebe, und durch die Gegenwart von Grete Bloch, für die er sie fühlte, hätte er Liebe in die Ehe mitgebracht.

In diesem Zusammenhang ist zu sagen, daß Liebe bei Kafka, der sich im Gespräch nur selten frei fühlte, durch sein geschriebenes Wort entstand. Als die drei wichtigsten Frauen in seinem Leben muß man Felice, Grete Bloch und Milena nennen. Bei jeder der drei entstanden seine Gefühle durch Briefe.

Was zu erwarten war, geschah dann: die offizielle Verlobung in Berlin wurde Kafka zum Schrecken. Beim Empfang, den die Familie Bauer am 1. Juni 1914 gab, fühlte er sich trotz der Anwesenheit Grete Blochs, die er sich so gewünscht hatte, »gebunden wie ein Verbrecher. Hätte man mich mit wirklichen Ketten in einen Winkel gesetzt und Gendarmen vor mich gestellt und mich nur auf diese Weise zuschauen lassen, es wäre nicht ärger gewesen. Und das war meine Verlobung, und alle bemühten sich, mich zum Leben zu bringen, und da es nicht gelang, mich zu dulden, wie ich war.« Dies die Eintragung in seinem Tagebuch wenige Tage danach. In einem fast zwei Jahre späteren Brief an Felice schildert er einen anderen Schrecken jener Tage, der ihm noch immer in den Knochen lag, wie sie nämlich damals in Berlin zusammen »Möbel für die Prager Einrichtung eines Beamten« einkaufen gingen. »Schwere Möbel, die, einmal aufgestellt, kaum mehr wegzubringen schienen. Gerade ihre Solidität schätztest Du am meisten. Die Kredenz bedrückte mir die Brust, ein vollkommenes Grabdenkmal oder ein Denkmal Prager Beamtenlebens. Wenn bei der Besichtigung irgendwo in der Ferne des Möbellagers ein Sterbeglöckchen geläutet hätte, es wäre nicht unpassend gewesen.«

Schon am 6. Juni, einige Tage nach jenem Empfang, schrieb er, wieder in Prag, einen Brief an Grete Bloch, der den Leser der Korrespondenz des Vorjahres unheimlich vertraut anmutet: »Liebes Frl. Grete, gestern war wieder ein Tag, an dem ich vollständig gebunden war, unfähig mich zu rühren, unfähig, den Brief an Sie zu schreiben, zu dem mich alles drängte, was an mir noch Rest des Lebens war. Manchmal – Sie sind die Einzige, die es vorläufig erfährt – weiß ich wirklich nicht, wie ich es verantworten kann, so wie ich bin zu heiraten.«

Grete Blochs Einstellung zu ihm hatte sich aber entscheidend verändert. Sie lebte nun in Berlin, wie er es selber wollte, und fühlte sich hier nicht mehr so verlassen wie in Wien. Sie hatte ihren Bruder, an dem sie hing, aber auch andere Menschen von früher, sie sah Felice. Ihre Mission, an die sie wohl geglaubt hatte, nämlich das Zustandebringen der Verlobung, war ihr gelungen. Aber sie hatte noch bis knapp vor ihrer Übersiedlung nach Berlin Kafkas Briefe entgegengenommen, die kaum verhüllte Liebesbriefe an sie waren, sie hatte sie beantwortet, es gab zwischen ihnen Geheimnisse, die Felice betrafen, und sicher war auch in ihr ein starkes Gefühl für ihn entstanden. Das Kleid, das sie für die Verlobung tragen sollte, wurde in ihren Briefen besprochen, es ist, als wäre sie die Braut. »Verbessern Sie nichts mehr daran«, schreibt er von *ihrem* Kleid, »es wird, wie es auch sein mag mit den, nun, mit den zärtlichsten Augen angesehen werden.« Diesen Brief schrieb er ihr einen Tag vor der Reise und der Verlobung.

Die Verlobung, bei der sie dann doch nicht die Braut war, muß für Grete ein Schock gewesen sein. Als er sich bald darauf in einem Brief bei ihr darüber beklagte, daß es noch drei Monate bis zur Hochzeit dauern solle, schrieb sie ihm: »Drei Monate werden Sie doch noch erleben können.« Diese Äußerung allein, man kennt so wenige von ihr, ist Beweis genug für die Eifersucht, unter der sie gewiß zu leiden hatte. In der Nähe von Felice, wo sie jetzt lebte, mußte sie sich besonders schuldig fühlen. Sie vermochte sich von dieser Schuld nur zu befreien, indem sie zu Felice überging. So war sie nun plötzlich Kafkas Feindin und begann den Ernst seines Entschlusses zur Heirat argwöhnisch zu belauern. Er aber schrieb ihr vertrauensvoll weiter und entlud seine Angst vor der bevorstehenden Ehe mit Felice mehr und mehr in seinen Briefen. Sie begann ihm zuzusetzen, er wehrte sich mit den alten Argumenten seiner Hypochondrie und erklärte sich, da sie es war, zu der er sprach, überzeugender und überlegener als in den Briefen des Vorjahres an Felice. Es gelang ihm, sie zu alarmieren, sie warnte Felice, er wurde vors ›Gericht‹ nach Berlin zitiert.

Mit dem ›Gericht‹ im Askanischen Hof im Juli 1914 ist die Krise der Doppelbeziehung zu den beiden Frauen erreicht. Die Auflösung der Verlobung, zu der alles in Kafka drängte, ist ihm scheinbar von außen auferlegt worden. Aber es ist, als hätte er sich die Mitglieder dieses Gerichtshofes selbst ausgesucht, er hat sie präpariert wie noch kein Angeklagter. Der Schriftsteller Ernst Weiss, der selbst in Berlin lebte, war seit sieben Monaten sein Freund, zu seinen literarischen Qualitäten brachte er in die Freundschaft etwas mit, was für Kafka unschätzbar war: seine unerschütterliche Ablehnung von Felice, er war von

Anfang an ein Feind der Verlobung. Um die Liebe von Grete Bloch hatte Kafka ebensolange geworben. Er hatte sie durch seine Briefe verzaubert und mehr und mehr auf seine Seite gezogen. In der Zeit zwischen der privaten und der offiziellen Verlobung waren seine Liebesbriefe statt an Felice an Grete Bloch gerichtet. Sie geriet dadurch in eine Zwangslage, aus der es eine einzige Befreiung für sie gab: eine Umkehrung, in der *sie* zu seiner Richterin wurde. Sie spielte die Punkte der Anklage Felice in die Hand; es waren Stellen in Kafkas Briefen an sie, die sie rot unterstrich. Felice brachte ihre Schwester Erna mit zum ›Gericht‹, vielleicht als Gegengewicht gegen ihren Feind Ernst Weiss, der auch zugegen war. Die Anklage, die hart und gehässig war, brachte Felice selbst vor, es ist aus den spärlichen Zeugnissen nicht klar, ob und wieweit Grete Bloch auch dann noch direkt eingriff. Aber sie war da, und Kafka empfand sie als die eigentliche Richterin. Er sagte kein Wort, er verteidigte sich nicht, und die Verlobung ging in Trümmer, wie er sich's gewünscht hatte. Er verließ Berlin und verbrachte in Gesellschaft von Ernst Weiss zwei Wochen am Meer. In seinem Tagebuch schildert er die Lähmung der Berliner Tage.

Nachträglich läßt es sich sehr wohl auch so sehen, daß Grete Bloch auf diese Weise die Verbindung verhinderte, auf die sie eifersüchtig war. Es läßt sich auch sagen, daß Kafka sie in einer Art von vorsorglicher Ahnung nach Berlin dirigiert und dort mit seinen Briefen in einen Zustand versetzt hat, in dem sie statt seiner die Kraft fand, ihn aus der Verlobung zu erretten.

Aber die Art dieser Auflösung, ihre konzentrierte Form als ›Gericht‹ – er hat es seither nie anders genannt –, hatte eine überwältigende Wirkung auf ihn. Anfang August begann seine Reaktion darauf sich zu formulieren. Der Prozeß, der sich bis jetzt im Verlauf von zwei Jahren zwischen Felice und ihm in Briefen abgespielt hatte, verwandelte sich nun in jenen anderen ›*Prozeß*‹, den jeder kennt. Es ist derselbe Prozeß, er hatte ihn eingeübt; daß er unendlich viel mehr einbezog, als man aus den Briefen allein zu erkennen vermöchte, darf über die Identität der beiden Prozesse nicht hinwegtäuschen. Die Kraft, die er früher bei Felice gesucht hatte, gab ihm jetzt der Schock des ›Gerichts‹. Gleichzeitig tagte das Weltgericht – der erste Weltkrieg war ausgebrochen. Sein Abscheu gegen die Massenereignisse, die diesen Ausbruch begleiteten, steigerte seine Kraft. Er kannte für die privaten Vorgänge in ihm nicht jene Mißachtung, durch die sich nichtssagende Schreiber von Dichtern unterscheiden. Wer meint, daß es ihm gegeben sei, seine innere Welt von der äußeren zu trennen, hat gar keine innere, von der etwas zu trennen wäre. Aber bei Kafka war es so, daß die Schwäche, unter der er litt, das zeitweilige Aussetzen seiner Lebenskräfte, ein Herausstellen und Objektivieren seiner ›privaten‹ Vorgänge nur sehr sporadisch möglich machte. Um die Kontinuität zu erlangen, die er für unerläßlich hielt, war zweierlei nötig: ein sehr starker, aber irgendwie doch falscher Schock wie jenes ›Gericht‹, der seine Genauigkeitsqualen zur Abwehr nach außen mobilisierte, und eine Verknüpfung der äußeren Hölle der Welt mit seiner inneren. Das war im August 1914 der Fall, er hat diesen Zusammenhang selbst erkannt und auf seine Weise deutlich ausgesprochen.

II.

Zwei entscheidende Ereignisse in Kafkas Leben, die er sich nach seiner Art besonders privat gewünscht hätte, hatten sich in peinlichster Öffentlichkeit abgespielt: die offizielle Verlobung in der Wohnung der Familie Bauer am 1. Juni, und sechs Wochen danach am 12. Juli 1914 das ›Gericht‹ im Askanischen Hof, das zur Entlobung führte. Es läßt sich zeigen, daß der emotionelle Gehalt beider Ereignisse unmittelbar in den ›*Prozeß*‹ einging, mit dessen Niederschrift er im August begann. Die Verlobung ist zur Verhaftung des ersten Kapitels geworden, das ›Gericht‹ findet sich als Exekution im letzten.

Einige Stellen in den Tagebüchern machen diesen Zusammenhang so klar, daß man sich wohl erlauben darf, ihn unter Beweis zu stellen. Die Integrität des Romans wird dadurch nicht berührt. Wenn die Notwendigkeit bestünde, seine Bedeutung zu erhöhen, so wäre die Kenntnis des vorliegenden Briefbandes dazu ein Mittel. Diese Notwendigkeit besteht zum Glück nicht. Aber auf keinen Fall wird dem Roman durch die folgende Überlegung, die immerhin ein Eingriff ist, etwas von seinem seit jeher wachsenden Geheimnis genommen.

Die Verhaftung von Josef K. findet in einer ihm wohlbekannten Wohnung statt. Sie setzt ein, als er sich noch im Bett befindet, der jeder Person vertrautesten Stätte. Um so unverständlicher ist, was an diesem Morgen geschieht, da ein völlig unbekannter Mensch vor ihm steht und ein zweiter sehr bald danach ihm die Verhaftung mitteilt. Diese Mitteilung ist aber eine vorläufige, und der eigentliche rituelle Akt der Verhaftung findet vor dem Aufseher im Zimmer von Frl. Bürstner statt, wo niemand von den Anwesenden, auch K. selber nicht, etwas zu suchen hätte. Man fordert ihn auf, sich für diesen Akt feierlich anzuziehen. Im Zimmer von Frl. Bürstner befinden sich außer dem Aufseher und den zwei Wächtern drei junge Leute, die K. nicht erkennt, oder erst viel später, Beamte der Bank, in der er eine höhere Stelle bekleidet. Aus der Wohnung gegenüber schauen fremde Leute zu. Ein Grund für die Verhaftung wird nicht angegeben, und was das Sonderbarste ist, er bekommt, obschon sie ausgesprochen ist, die Erlaubnis, sich zur Arbeit in seine Bank zu begeben und darf sich auch weiterhin frei bewegen.

Dieser Umstand der Bewegungsfreiheit nach der Verhaftung ist es, der zuerst an jene Verlobung Kafkas in Berlin erinnert. Kafka hatte damals das Gefühl, daß ihn die Sache gar nichts anginge. Er fühlte sich gefesselt und wie unter Fremden. Die bereits zitierte Stelle aus dem Tagebuch, die sich darauf bezieht, lautet: »War gebunden wie ein Verbrecher. Hätte man mich mit wirklichen Ketten in einen Winkel gesetzt und Gendarmen vor mich gestellt und mich nur auf diese Weise zuschauen lassen, es wäre nicht ärger gewesen. Und das war meine Verlobung...« Das Peinliche, das beiden Vorgängen gemeinsam ist, ist ihre Öffentlichkeit. Die Anwesenheit beider Familien bei der Verlobung – er hatte es schon immer schwer gehabt, sich gegen seine eigene abzugrenzen – trieb ihn mehr als je auf sich zurück. Infolge des Zwangs, den sie auf ihn ausübten, empfand er sie als Fremde. Unter den Anwesenden waren Mitglieder der Familie Bauer, die er wirklich noch nicht kannte, und auch andere ihm fremde Gäste, zum Beispiel der Bruder der Grete Bloch. Andere hatte er vielleicht ein- oder zweimal flüchtig gesehen, aber selbst die Mutter der Felice, mit der er schon gesprochen hatte, war ihm nie geheuer. Was aber seine eigenen Angehörigen betrifft, so ist es, als hätte er die Fähigkeit, sie zu erkennen, verloren, weil sie sich an einer Art von Gewaltakt gegen ihn beteiligten.

Eine ähnliche Mischung von Fremden und Bekannten verschiedenen Grades findet sich bei der Verhaftung Josef K.s. Da waren die zwei Wächter und der Aufseher, völlig neue Figuren; die Leute aus dem Hause gegenüber, die er gesehen haben mochte, ohne daß sie ihn etwas angingen; und die jungen Männer aus seiner Bank, die er zwar täglich sah; aber während des Aktes der Verhaftung, an dem sie durch ihre Anwesenheit beteiligt waren, wurden sie für ihn zu Fremden.

Noch wichtiger aber ist die Lokalität der Verhaftung, das Zimmer von Frl. Bürstner. Ihr Name beginnt mit B wie Bauer, aber mit B beginnt auch der Name der Grete Bloch. Es finden sich Familienphotos im Zimmer, an der Fensterklinke hängt eine weiße Bluse. Keine Frau ist bei der Verhaftung zugegen, nur die Bluse ist ein auffälliger Stellvertreter.

Aber das Eindringen in Frl. Bürstners Zimmer, ohne daß sie davon weiß, beschäftigt K., der Gedanke an die dort verursachte Unordnung läßt ihn nicht los. Als er abends von der Bank nach Hause kommt, bespricht er sich mit seiner Zimmervermieterin, Frau Grubach. Sie hat den Ereignissen des Vormittags zum Trotz das Vertrauen in ihn nicht verloren. »Es handelt sich ja um Ihr Glück«, so beginnt einer ihrer beschwichtigenden Sätze. Das Wort ›Glück‹ an dieser Stelle berührt sonderbar, es ist ein Eindringling hier, es erinnert an die Briefe an Felice, wo ›Glück‹ immer auf zweideutige Weise gebraucht wurde, es klang da, als würde es zugleich und vorzüglich ›Unglück‹ bedeuten. – K. bemerkt, daß er sich bei Frl. Bürstner entschuldigen möchte, weil er ihr Zimmer in Anspruch genommen habe. Frau Grubach beruhigt ihn und zeigt ihm das Zimmer, wo alles schon wieder in Ordnung gebracht war. »Auch die Bluse hing nicht mehr an der Fensterklinke.« Es ist schon spät und Frl. Bürstner ist noch nicht zu Hause. Frau Grubach läßt sich zu Bemerkungen über das Privatleben des Fräuleins hinreißen, die etwas Aufreizendes haben. K. wartet die Heimkehr von Frl. Bürstner ab, verwickelt sie, ein wenig gegen ihren Willen, in ihrem Zimmer in ein Gespräch über die Ereignisse des Vormittags und wird bei deren Schilderung so laut, daß im

Nebenzimmer einigemal stark geklopft wird. Frl. Bürstner fühlt sich kompromittiert und ist unglücklich darüber, K. küßt, als wolle er sie trösten, ihre Stirn. Er verspricht ihr, vor der Zimmervermieterin alles auf sich zu nehmen, aber sie will nichts davon hören und drängt ihn ins Vorzimmer. K. »faßte sie, küßte sie auf den Mund und dann über das ganze Gesicht, wie ein durstiges Tier mit der Zunge über das endlich gefundene Quellwasser hinjagt. Schließlich küßte er sie auf den Hals, wo die Gurgel ist, und dort ließ er die Lippen lange liegen.« – In sein Zimmer zurückgekehrt, schlief er sehr bald ein, »vor dem Einschlafen dachte er noch ein Weilchen über sein Verhalten nach, er war damit zufrieden, wunderte sich aber, daß er nicht noch zufriedener war«.

Es fällt schwer, sich des Gefühls zu erwehren, daß in dieser Szene Frl. Bürstner für Grete Bloch steht. Das Verlangen, das Kafka nach ihr empfunden hatte, ist stark und unvermittelt da. Die Verhaftung, die sich aus jenem qualvollen Vorgang der Verlobung mit Felice herleitet, ist in das Zimmer der anderen Frau verlegt worden. K., der sich am Vormittag noch keiner Schuld bewußt war, ist durch sein Verhalten in der Nacht darauf, durch seinen Überfall auf Frl. Bürstner schuldig geworden. Denn »er war damit zufrieden«.

Die komplexe und beinah unentwirrbare Situation, in der Kafka sich bei der Verlobung befand, ist so von ihm im ersten Kapitel des ›Prozeß‹ auf berückend klare Weise auseinandergelegt worden. Er hatte sich die Anwesenheit Grete Blochs bei der Verlobung sehr gewünscht und selbst Interesse für das Kleid gezeigt, das sie zu dieser Gelegenheit tragen würde. Es ist nicht ausgeschlossen, daß dieses Kleid sich in die weiße Bluse verwandelt hat, die in Frl. Bürstners Zimmer hing. Trotz seiner Bemühungen im weiteren Verlauf des Romans gelingt es K. nicht, sich mit Frl. Bürstner über das Vorgefallene auszusprechen. Sie entzieht sich ihm geschickt, sehr zu seinem Verdruß, und der Überfall jener Nacht bleibt beider unberührtes Geheimnis.

Auch das erinnert an Kafkas Beziehung zu Grete Bloch. Was immer zwischen ihnen vorgefallen war, es ist Geheimnis geblieben. Es ist auch nicht anzunehmen, es gibt keinerlei Anzeichen dafür, daß dieses Geheimnis beim ›Gericht‹ im Askanischen Hof zur Sprache gekommen wäre. Denn da ging es um seine zweifelhafte Stellung zur Verlobung, die Partien in seinen Briefen an Grete Bloch, die diese öffentlich preisgab, bezogen sich auf Felice und die Verlobung, das eigentliche Geheimnis, das zwischen Grete und Kafka bestand, ist von keinem der beiden angetastet worden. Im Briefband, wie er heute vorliegt, fehlt alles, was Klarheit darüber zu verschaffen vermöchte: es ist offenkundig, daß einige der Briefe von ihr vernichtet wurden. –

Um nun weiterhin zu begreifen, wie aus dem ›Gericht‹, das Kafka mit enormer Wucht traf, die Exekution im letzten Kapitel des ›*Prozeß*‹ wurde, ist es notwendig, einige Stellen aus Tagebüchern und Briefen anzuführen. Gegen Ende Juli sucht er den Ablauf der Vorgänge eilig und vorläufig, man möchte sagen von außen, zu verzeichnen:

»Der Gerichtshof im Hotel . . . Das Gesicht F.s. Sie fährt mit den Händen in die Haare, gähnt. Rafft sich plötzlich auf und sagt gut Durchdachtes, lange Bewahrtes, Feindseliges. Der Rückweg mit Frl. Bl . . .

Bei den Eltern. Vereinzelte Tränen der Mutter. Ich sage die Lektion auf. Der Vater erfaßt es richtig von allen Seiten . . . Sie geben mir recht, es läßt sich nichts oder nicht viel gegen mich sagen. Teuflisch in aller Unschuld. Scheinbare Schuld des Frl. Bl . . .

Warum haben mir die Eltern und die Tante so nachgewinkt? . . .

Nächsten Tag zu den Eltern nicht mehr gegangen. Nur Radler mit Abschiedsbrief geschickt. Brief unehrlich und kokett. ›Behaltet mich nicht in schlechtem Angedenken.‹ Ansprache vom Richtplatz.«

So hatte sich schon damals, am 27. Juli, zwei Wochen nach den Ereignissen, der ›Richtplatz‹ in seinem Geiste festgesetzt. Mit dem Worte ›Gerichtshof‹ hatte er die Sphäre des Romans betreten. Mit ›Richtplatz‹ ist sein Ziel und sein Ende vorweggenommen. Diese frühe Festsetzung des Ziels ist bemerkenswert. Sie erklärt die Sicherheit in der Entfaltung des ›Prozeß‹.

Ein Mensch in Berlin war »über alle Begriffe« gut zu ihm, und er hat es nie vergessen, Erna, die Schwester der Felice. Über sie steht folgendes im Tagebuch vom 28. Juli: »Ich denke an die Strecke, die wir, E. und ich, von der Elektrischen zum Lehrter Bahnhof gingen. Keiner sprach, ich dachte an nichts anderes, als daß jeder Schritt ein Gewinn für mich sei. Und E. ist lieb zu mir; glaubt sogar unbegreiflicherweise an mich, trotzdem sie mich vor dem Gericht gesehen hat; ich fühlte sogar hie und da die Wirkung dieses Glaubens an mich, ohne diesem Gefühl allerdings ganz zu glauben.«

Ernas Güte und das rätselhafte Nachwinken der Eltern, nachdem alles vorüber war, haben sich auf der letzten Seite des ›Prozeß‹, knapp vor der Exekution, zu jenem über alle Maßen herrlichen Passus verdichtet, den keiner, der ihn gelesen hat, je wieder verliert:

»Seine Blicke fielen auf das letzte Stockwerk des an den Steinbruch angrenzenden Hauses. Wie ein Licht aufzuckt, so fuhren die Fensterflügel eines Fensters dort auseinander, ein Mensch, schwach und dünn in der Ferne und Höhe, beugte sich mit einem Ruck weit vor und streckte die Arme noch weiter aus. Wer war es? Ein Freund? Ein guter Mensch? Einer, der teilnahm? Einer, der helfen wollte? War es ein einzelner? Waren es alle? War noch Hilfe?«

(Einige Sätze weiter stand in der ursprünglichen Fassung: »Wo war der Richter? Wo war das Hohe Gericht? Ich habe zu reden. Ich hebe die Hände.«)

Kafka hat sich im Askanischen Hof nicht verteidigt. Er hat geschwiegen. Er hat das Gericht über sich nicht anerkannt und diese Nichtanerkennung durch Schweigen bekundet. Dieses Schweigen hat lange gedauert: drei Monate lang war die Verbindung zwischen ihm und Felice ganz abgebrochen. Aber er schrieb manchmal ihrer Schwester Erna, die an ihn glaubte. Im Oktober besann sich Grete Bloch auf ihre ursprüngliche Vermittlerrolle und versuchte wiederanzuknüpfen. Ihr Brief an ihn ist nicht erhalten, wohl aber seine Antwort darauf. »Sie sagen zwar, daß ich Sie hasse«, heißt es darin, »es ist aber nicht wahr ... Sie saßen zwar im Askanischen Hof als Richterin über mir – es war abscheulich für Sie, für mich, für alle – aber es sah nur so aus, in Wirklichkeit saß ich auf Ihrem Platz und habe ihn bis heute nicht verlassen.«

Es läge nahe, den Schluß dieses Satzes als Selbstanklage zu verstehen, als Selbstanklage, die lange schon eingesetzt hat und nie endet. Ich glaube aber nicht, daß sein Sinn damit erschöpft ist. Viel wichtiger scheint mir daran, daß er Grete Bloch von ihrem Richterplatz absetzt, er verdrängt sie und setzt sich selbst an ihre angemaßte Stelle. Es gibt kein äußeres Gericht, das er anerkennt, es ist sein eigenes Gericht, er ist es aber sehr, und es wird immer tagen. Über ihre Usurpation sagt er zwar nichts Stärkeres als »es sah nur so aus«, aber das ›Durchschauen‹ ihrer Anmaßung wirkt so, als wäre sie überhaupt nie wirklich auf jenem Richtsitz gesessen. Statt sie mit Gewalt zu verdrängen, erweist er sie als Illusion. Er weigert sich, mit ihr zu kämpfen, aber hinter der Noblesse seiner Antwort verbirgt sich, wie wenig er ihr einräumt, nicht einmal den Haß des Kampfes. Es ist ihm bewußt, daß er seinen Prozeß gegen sich selber führt, keinem anderen steht es zu, ihn zu führen, und als er diesen Brief schrieb, war er noch lange nicht zu Ende.

Vierzehn Tage später, in seinem ersten, sehr langen Brief an Felice, schreibt er, daß er im Askanischen Hof nicht aus Trotz geschwiegen habe, eine nicht ganz überzeugende Behauptung. Denn schon im nächsten Satz heißt es: »Was Du sagtest, war doch so deutlich, ich will es nicht wiederholen, aber es waren Dinge darunter, die fast unter 4 Augen zu sagen unmöglich hätte sein sollen ... Ich sage auch jetzt nichts mehr dagegen, daß Du Frl. Bl. mitgenommen hattest, ich hatte Dich ja in dem Brief an sie fast entwürdigt, sie durfte dabeisein. Daß Du allerdings auch Deine Schwester, die ich damals kaum kannte, hinkommen ließest, verstand ich nicht . . .«

Der Ausgang der Sache, die Entlobung, war, was er sich gewünscht hatte, darüber konnte er nur Erleichterung empfinden. Was ihn aber traf, was ihn zutiefst beschämte, war die Öffentlichkeit des Vorgangs. Die Scham über diese Demütigung, deren Schwere nur an seinem Stolz gerecht zu messen wäre, blieb gesammelt in ihm, sie trug den ›*Prozeß*‹ und floß ganz ins letzte Kapitel. K. läßt sich beinah schweigend, beinah widerstandslos zur Exekution führen. Jene Abwehr, die in ihrer Hartnäckigkeit den Gang des Romans ausmacht, gibt er plötzlich vollkommen auf. Der Weg durch die Stadt ist wie die Zusammenfassung aller früheren Wege, die der Abwehr galten. »Da stieg vor ihnen aus einer tiefer gelegenen Gasse auf einer kleinen Treppe Fräulein Bürstner zum Platz empor. Es war nicht ganz sicher, ob sie es war, die Ähnlichkeit war freilich groß.« Er setzte sich in Gang und bestimmte jetzt die Wegrichtung. »Er bestimmte sie nach dem Weg, den das Fräulein vor ihnen nahm, nicht etwa, weil er sie einholen, nicht etwa, weil er sie möglichst lange sehen wollte, sondern nur deshalb, um die Mahnung, die sie für ihn bedeutete, nicht zu vergessen.« Es ist die Mahnung an sein Geheimnis und die nie ausgesprochene Schuld. Sie ist unabhängig vom Gericht, das sich ihm entzogen, sie ist unabhängig von der Anklage, die er nie in Erfahrung gebracht hat. Doch sie bestärkt ihn in der Aufgabe jener Abwehr auf seinem letzten Gang. Jene Demütigung aber, von der die Rede war, reicht noch länger, bis in die allerletzten Sätze:

»Aber an K.s Gurgel legten sich die Hände des einen Herrn, während der andere das Messer ihm ins Herz stieß und zweimal dort drehte. Mit brechenden Augen sah noch K., wie die Herren nahe vor seinem Gesicht, Wange an

Wange aneinandergelehnt, die Entscheidung beobachteten. ›Wie ein Hund!‹ sagte er, es war, als sollte die Scham ihn überleben.«

Die letzte Demütigung ist die Öffentlichkeit dieses Todes, den die beiden Henker, nahe vor seinem Gesicht, Wange an Wange aneinandergelehnt, beobachteten. K.s brechende Augen sind Zeugen dieser Öffentlichkeit seines Todes. Sein letzter Gedanke gilt der Scham, die stark genug wäre, ihn zu überleben, und der letzte Satz, den er ausspricht, lautet »Wie ein Hund«.

Im August 1914, wie schon erwähnt worden ist, begann Kafka mit dem Schreiben. Während dreier Monate gelang es ihm, sich ihm täglich zu widmen, nur zwei Abende fielen aus, was er nicht ohne Stolz in einem späteren Brief vermerkt. Seine Hauptarbeit war die am ›Prozeß‹, dem sein eigentlicher Impetus galt. Aber er unternahm auch anderes, eine ununterbrochene Beschäftigung mit dem ›Prozeß‹ war ihm offenbar nicht möglich. Im August begann er auch die ›Erinnerung an die Kaldabahn‹, ein Stück, das er nie vollendete. Im Oktober nahm er sich vierzehn Tage Urlaub, um den Roman vorwärtszutreiben, und schrieb statt dessen in dieser Zeit ›In der Strafkolonie‹ und das letzte Kapitel von ›Amerika‹.

Noch während dieses Urlaubs setzte der Versuch einer Wiederanknüpfung von seiten der Frauen ein. Als erstes erhält er einen Brief von Grete Bloch: aus seiner Antwort darauf ist ein Stück bereits zitiert worden. Diese Antwort »sieht unnachgiebig aus«, er trägt sie in sein Tagebuch ein und vermerkt dazu: »Ich weiß, daß es so bestimmt ist, daß ich allein bleibe.« Er denkt an seinen Widerwillen gegen Felice »bei ihrem Anblick, als sie tanzte, mit strengem gesenktem Blick, oder als sie kurz vor dem Weggehn im ›Askanischen Hof‹ mit der Hand über die Nase und in die Haare fuhr und die unzähligen Augenblicke vollständigster Fremdheit«. Aber immerhin, er hat mit dem Brief den ganzen Abend über gespielt, die Arbeit stockt, obwohl er sich zu ihr fähig fühlte. »Es wäre für uns alle das beste, wenn sie nicht antworten würde, aber sie wird antworten, und ich werde auf ihre Antwort warten.«

Schon am nächsten Tag hat sich beides, Abwehr wie Verlockung, gesteigert. Er habe ohne jede tatsächliche Verbindung mit Felice ruhig gelebt, von ihr geträumt wie von einer Toten, die niemals wieder leben könnte, »und jetzt, da ich eine Möglichkeit, an sie heranzukommen dargeboten bekomme, ist sie wieder der Mittelpunkt des Ganzen. Sie stört wohl auch meine Arbeit. Wie kam sie mir doch, als ich in der letzten Zeit manchmal an sie dachte, als der fremdeste Mensch vor, mit dem ich jemals zusammengekommen war . . .«

Der »Mittelpunkt des Ganzen«, das ist seine wirkliche Gefahr, das darf sie nicht sein, das ist der Grund, warum er nicht heiraten kann, weder sie noch eine andere. Die Wohnung, die sie immer will, das ist sie, der Mittelpunkt. Er kann nur sein eigener, immer angreifbarer Mittelpunkt sein. Die Angreifbarkeit seines Körpers wie seines Kopfes ist die eigentliche Bedingung für sein Schreiben. So sehr es oft aussieht, als ob er sich um Schutz und Sicherheit gegen diese Verletzlichkeit bemühe, alle diese Bemühungen täuschen, er braucht seine Einsamkeit als *Ungeschütztheit*.

Zehn Tage später kommt eine Antwort von Grete Bloch. »Ich wegen der Beantwortung vollständig unentschieden. Gedanken so gemein, daß ich sie gar nicht aufschreiben kann.«

Was er »gemeine Gedanken« nennt, verdichtet sich ihm zur Abwehr, deren Kraft diesmal nicht zu unterschätzen ist. Ende Oktober schreibt er einen sehr langen Brief an Felice, er kündigt ihn durch ein Telegramm vorher an. Es ist ein Brief von erstaunlicher Distanziertheit. Er enthält kaum eine Klage, für seine Verhältnisse kann man ihn nur als gesund und aggressiv empfinden.

Er habe allerdings nicht daran gedacht, ihr zu schreiben – im Askanischen Hof sei die Wertlosigkeit von Briefen und allem Geschriebenen zu deutlich geworden. Viel ruhiger als in früheren Briefen erklärt er ihr, daß es seine Arbeit war, die sich gegen sie als größten Feind mit allen Kräften wehren mußte. Er gibt eine Schilderung seines jetzigen Lebens, mit dem er nicht unzufrieden scheint. Er wohne allein in der Wohnung seiner ältesten Schwester (da der Schwager im Krieg ist, lebt sie bei seinen Eltern). In diesen stillen drei Zimmern sei er allein, komme mit niemandem zusammen, auch mit seinen Freunden nicht. Während des letzten Vierteljahres habe er täglich gearbeitet. Heute sei erst der zweite Abend, an dem er das nicht getan habe. Glücklich sei er nicht, gewiß nicht, aber doch manchmal zufrieden damit, daß er, so gut es unter diesen Umständen geht, seine Pflicht erfülle.

Es sei diese Art der Lebensführung, die er immer für sich erstrebt habe, sie aber habe die Vorstellung eines solchen Lebens mit Widerwillen gegen ihn erfüllt. Er zählt ihr alle die Gelegenheiten auf, bei denen sie diesen Widerwillen verriet, als letzte und entscheidende ihren Ausbruch im Askanischen Hof. Er hätte die Pflicht, über seiner Arbeit zu wachen, in ihrem Widerwillen habe er die größte Gefahr dafür erkannt.

Als konkretes Beispiel für die Schwierigkeiten zwischen ihnen spricht er ausführlich über ihre Nichtübereinstimmung wegen der Wohnung. »Du wolltest etwas Selbstverständliches: eine ruhige, ruhig eingerichtete, familienmäßige Wohnung, wie sie die anderen Familien Deines und auch meines Standes hatten ... Was bedeutet aber die Vorstellung, die Du Dir von jener Wohnung machtest? Sie bedeutete, daß Du mit den andern übereinstimmtest, aber nicht mit mir ... Diese andern sind, wenn sie heiraten, fast gesättigt und die Ehe ist für sie nur der letzte große, schöne Bissen. Für mich nicht, ich bin nicht gesättigt, ich habe kein Geschäft gegründet, das sich von Ehejahr zu Ehejahr weiterentwickeln soll, ich brauche keine endgültige Wohnung, aus deren geordneten Frieden heraus ich dieses Geschäft führen will, – aber nicht nur, daß ich eine solche Wohnung nicht brauche, sie macht mir Angst. Ich habe einen solchen Hunger nach meiner Arbeit . . ., meine Verhältnisse hier sind aber meiner Arbeit entgegengesetzt, und richte ich in diesen Verhältnissen eine Wohnung nach Deinem Wunsch ein, so heißt das . . ., daß ich den Versuch mache, diese Verhältnisse zu lebenslänglichen zu machen, also das Schlimmste, was mich treffen kann.«

Am Ende verteidigt er seinen Briefwechsel mit ihrer Schwester Erna, der er morgen schreiben werde.

Am 1. November findet sich in Kafkas Tagebuch unter anderem auch ein höchst ungewöhnlicher Satz: »Viel Selbstzufriedenheit während des ganzen Tages.« Diese Selbstzufriedenheit bezieht sich wohl auf jenen langen Brief, den er nun höchstwahrscheinlich schon abgeschickt hat. Er hatte mit Felice wieder angeknüpft, aber ihr in gar nichts nachgegeben. Seine Position war nun klar und hart, und obwohl er manchmal Zweifel darüber äußert, wird sie sehr lange dieselbe bleiben. Am 3. verzeichnet er: »Der vierte Tag seit August, an dem ich gar nichts geschrieben habe. Schuld sind die Briefe, ich werde versuchen, gar keine oder nur ganz kurze Briefe zu schreiben.«

Das Störende sind also *seine eigenen* Briefe. Das ist eine sehr wichtige und einleuchtende Erkenntnis. Solange er noch damit beschäftigt ist, den ›Prozeß‹ von Felice abzulösen, kann er sich schwerlich in dieser Ausführlichkeit wieder an sie wenden. Der Roman müßte sich daran verwirren, mit jeder genauen Betrachtung ihrer Beziehung gerät er in die Zeit zurück, bevor er den Roman begann: es ist, als würde er damit seine Wurzeln untergraben. So vermeidet er es von nun an, ihr zu schreiben, aus den nächsten drei Monaten, bis Ende Januar 1915 hat sich kein Brief von ihm gefunden. An seiner Arbeit sucht er mit aller Kraft festzuhalten; immer gelingt es nicht, aber er gibt keineswegs auf. Anfang Dezember liest er seinen Freunden ›*In der Strafkolonie*‹ vor und ist »nicht ganz unzufrieden«. Als Ergebnis dieses Tages verzeichnet er: »Unbedingt weiterarbeiten, es muß möglich sein, trotz Schlaflosigkeit und Bureau.«

Am 5. Dezember erhält er einen Brief von Erna über die Lage ihrer Familie, die sich durch den Tod des Vaters wenige Wochen zuvor sehr verschlechtert hat. Kafka betrachtet sich als das Verderben der Familie, von der er sich im übrigen gefühlsmäßig gänzlich abgetrennt fühlt. »Nur das Verderben wirkt. Ich habe F. unglücklich gemacht, die Widerstandskraft aller, die sie jetzt so benötigen, geschwächt, zum Tode des Vaters beigetragen, F. und E. auseinandergebracht und schließlich auch E. unglücklich gemacht... Ich bin ja innerhalb des Ganzen genügend bestraft, schon meine Stellung zu der Familie ist Strafe genug, ich habe auch derartig gelitten, daß ich mich davon niemals erholen werde..., aber augenblicklich leide ich wenig durch meine Beziehung zu der Familie, jedenfalls weniger als F. oder E.«

Die Wirkung dieser umfassenden Schuld, die er sich zuschrieb – er, das Verderben der ganzen Familie Bauer –, war, wie zu erwarten, eine beruhigende. Für die Einzelheiten seines Verhaltens zu Felice war darin keine Stelle, im größeren des allgemeinen Familienverderbens ging alles einzelne auf. Während voller sechs Wochen, bis zum 17. Januar, taucht weder Felice noch Erna noch sonst ein Mitglied der unglücklichen Familie in den Tagebüchern oder Briefen auf. Im Dezember schreibt er das Kapitel ›Im Dom‹ aus dem ›*Prozeß*‹ und beginnt zwei neue Stücke: den ›*Riesenmaulwurf*‹ und den ›*Unterstaatsanwalt*‹. Am 31. Dezember findet sich im Tagebuch eine Bilanz über die Leistungen des vergangenen Jahres. Das ist ganz gegen seine Gewohnheit, man fühlt sich in die Tagebücher Hebbels versetzt:

»Seit August gearbeitet, im allgemeinen nicht wenig und nicht schlecht.« Dann, nach einigen Einschränkungen und Selbstermahnungen, ohne die es bei ihm nicht abgeht, folgt die Liste der sechs Werke, mit denen er beschäftigt war. Ohne die Kenntnis der Manuskripte, die mir verschlossen ist, fällt es schwer zu bestimmen, wieviel vom ›*Prozeß*‹ um diese Zeit schon zu Papier gebracht war. Ein sehr großer Teil davon war sicher schon da. Es ist auf alle Fälle eine eindrucksvolle Liste, und man wird nicht zögern, diese fünf letzten Monate des Jahres 1914 als die zweite große Periode in seinem Dasein als Dichter zu bezeichnen.

Am 23. und 24. Januar 1915 kamen Kafka und Felice in Bodenbach an der Grenze zusammen. Erst sechs Tage vor der Begegnung findet sich etwas über dieses Vorhaben im Tagebuch vermerkt. »Samstag werde ich F. sehen. Wenn sie mich liebt, verdiene ich es nicht . . . Ich war sehr selbstzufrieden in der letzten Zeit und hatte viele Einwände zu meiner Verteidigung und Selbstbehauptung gegen F. . . .« Drei Tage später heißt es: »Ende des Schreibens. Wann wird es mich wieder aufnehmen? In welchem schlechten Zustand komme ich mit F. zusammen . . . Unfähigkeit, mich für die Zusammenkunft vorzubereiten, während ich vorige Woche wichtige Gedanken dafür kaum abschütteln konnte.«

Es war das erste Mal seit dem ›Gericht‹, daß er Felice wiedersah, und einen peinlicheren Eindruck hätte sie schwerlich auf ihn machen können. Da der ›Prozeß‹ sich schon weitgehend von ihr abgelöst hatte, sah er sie distanzierter und freier. Die Spuren, die das ›Gericht‹ in ihm hinterlassen hatte, erwiesen sich trotzdem als unauslöschlich. Mit einiger Zurückhaltung in einem Brief an sie, aber schonungslos in seinem Tagebuch, hat er seinen Eindruck von ihr verzeichnet:

»Jeder sagt es sich im stillen, daß der andere unerschütterlich und erbarmungslos ist. Ich lasse nicht ab von meiner Forderung nach einem phantastischen, nur für meine Arbeit berechneten Leben, sie will, stumpf gegen alle stummen Bitten, das Mittelmaß, die behagliche Wohnung, Interesse für die Fabrik, reichliches Essen, Schlafen von elf Uhr abends an, geheiztes Zimmer, stellt meine Uhr, die seit einem viertel Jahr um eineinhalb Stunden vorangeht, auf die wirkliche Minute ein.

Zwei Stunden waren wir allein im Zimmer. Um mich

herum nur Langeweile und Trostlosigkeit. Wir haben miteinander noch keinen einzigen guten Augenblick gehabt, währenddessen ich frei geatmet hätte ... Ich habe ihr auch vorgelesen, widerlich gingen die Sätze durcheinander, keine Verbindung mit der Zuhörerin, die mit geschlossenen Augen auf dem Kanapee lag und es stumm aufnahm ... Meine Feststellung war richtig und wurde als richtig anerkannt: Jeder liebt den andern so, wie dieser andere ist. Aber so wie er ist, glaubt er mit ihm nicht leben zu können.« Ihr empfindlichster Eingriff ist der gegen seine Uhr. Daß seine Uhr anders geht als die der andern, ist ihm ein winziges Stück Freiheit. Sie stellt sie auf die wirkliche Minute ein, die ahnungslose Sabotage dieser Freiheit, eine Anpassung an ihre Zeit, die des Büros, der Fabrik. Das Wort ›liebt‹ aber im letzten Satz klingt wie ein Schlag ins Gesicht, es könnte ebensogut ›haßt‹ heißen.

Der Charakter der Korrespondenz ändert sich von nun an vollkommen. Auf keinen Fall will er wieder in die alte Art des Schreibens verfallen. Er hütet sich davor, sie nochmals in den ›Prozeß‹ zu verwickeln, von dessen Überresten gehört ihr kaum noch etwas zu. Er beschließt, ihr alle vierzehn Tage zu schreiben, und hält sich auch daran nicht. Von den 716 Seiten Briefe, die der vorliegende Band enthält, stammen 580 aus den ersten zwei Jahren bis gegen Ende 1914. Die Briefe aus den drei Jahren 1915-1917 nehmen zusammen nicht mehr als 136 Seiten ein. Einiges wenige aus dieser Zeit ist zwar verlorengegangen, aber auch wenn es vorhanden wäre, würde sich dieses Verhältnis nicht wesentlich ändern. Es wird jetzt alles viel seltener und auch kürzer, er beginnt Postkarten zu verwenden, die Korrespondenz des Jahres 1916 spielt sich zum größten Teil auf solchen Karten ab. Ein praktischer Grund für ihre Verwendung war auch der, daß sie die Zensur, die zwischen Österreich und Deutschland während des Krieges bestand, leichter passierten. Der Ton ist verändert, es ist jetzt oft Felice, die sich über sein Nicht-Schreiben beklagt, die Werbende ist nun immer sie, er der Abwehrende. 1915, zwei Jahre nach dem Erscheinen des Buches, liest sie sogar, Wunder über Wunder, die ›*Betrachtung*‹.

Die Begegnung in Bodenbach läßt sich als Wasserscheide in der Beziehung Kafkas zu Felice betrachten. Sobald es ihm gelungen war, sie so erbarmungslos zu sehen wie sich selbst, war er der Vorstellung von ihr nicht hilflos ausgeliefert. Nach dem ›Gericht‹ hatte er den Gedanken an sie beiseite getan, wohl wissend, daß er jederzeit durch einen Brief von ihr wieder hervorspringen könnte. Aber durch den Mut, den er zu einer neuen Konfrontation mit ihr fand, ist eine Verschiebung im Machtverhältnis zwischen ihnen eingetreten. Die neue Periode möchte man als eine solche der *Korrektur* bezeichnen: er, der einmal Kraft aus ihrer Tüchtigkeit bezog, sucht nun einen anderen Menschen aus ihr zu machen.

Man mag sich fragen, ob die Geschichte eines fünfjährigen Sich-Entziehens so wichtig ist, daß man sich in solchem Detail mit ihr befaßt. Das Interesse an einem Dichter kann sehr weit gehen, gewiß, und wenn die Zeugnisse so reichlich vorhanden sind wie in diesem Falle, mag die Versuchung, von ihnen Kenntnis zu nehmen und ihren inneren Zusammenhang zu begreifen, unwiderstehlich werden; an der Reichhaltigkeit der Zeugnisse steigert sich die Unersättlichkeit des Betrachters. Der Mensch, der sich für den Maßstab aller Dinge hält, ist beinahe noch unbekannt, seine Fortschritte in der Kenntnis von sich sind minimal, jede neue Theorie verdunkelt von ihm mehr, als sie erleuchtet. Nur die unbefangen konkrete Erforschung einzelner führt allmählich weiter. Da es schon sehr lange so ist und die besten Geister es immer gewußt haben, ist ein Mensch, der sich in solcher Vollkommenheit zur Erkenntnis anbietet, unter allen Umständen ein Glücksfall ohnegleichen. Aber bei Kafka ist es mehr, und das fühlt jeder, der sich seiner privaten Sphäre nähert. Es ist etwas zutiefst Erregendes um diesen hartnäckigen Versuch eines Ohnmächtigen, sich der Macht in jeder Form zu entziehen.

Bevor man den weiteren Verlauf seiner Beziehung zu Felice schildert, scheint es geraten zu zeigen, wie erfüllt er von *dem* Phänomen war, das unserer Zeit das vordringlichste und erschreckendste geworden ist. Unter allen Dichtern ist Kafka der größte Experte der Macht. Er hat sie in jedem ihrer Aspekte erlebt und gestaltet.

Eines seiner zentralen Themen ist das der Demütigung; es ist auch das Thema, das sich der Betrachtung am willigsten darbietet. Schon im ›Urteil‹, der ersten Dichtung, die für ihn zählt, läßt es sich ohne Schwierigkeiten fassen. Im ›Urteil‹ geht es um zwei Erniedrigungen, die aneinanderhängen, die des Vaters und die des Sohns. Der Vater fühlt sich gefährdet durch die vermeintlichen Umtriebe seines Sohnes, in seiner Anklagerede gegen ihn stellt er sich aufs Bett und so, noch viel größer im Verhältnis zu ihm, als er es ursprünglich war, sucht er seine eigene Erniedrigung in ihr Gegenteil, die Demütigung des Sohnes zu verkehren: er verurteilt ihn zum Tode des Ertrinkens. Der Sohn anerkennt die Berechtigung des Urteils nicht, aber er vollstreckt es an sich und gesteht so das Maß der Demütigung zu, die ihn das Leben kostet. Die Demütigung steht streng abgegrenzt nur für sich; so sinnlos sie ist, in ihrer Wirkung liegt die Kraft der Erzählung.

In der ›Verwandlung‹ hat sich die Erniedrigung am Körper, der sie erleidet, konzentriert: ihr Gegenstand ist kompakt, von Anfang an da, statt eines Sohnes, der die Familie nährt und trägt, ist plötzlich ein Käfer vorhanden. In dieser Verwandlung ist er der Erniedrigung unentrinnbar ausgesetzt, eine ganze Familie fühlt sich dazu herausgefordert, sie aktiv zu üben. Zögernd setzt die Demütigung ein, aber es ist ihr Zeit gegeben, sich auszubreiten und zu steigern. Allmählich nehmen alle, beinahe hilflos und wider Willen, an ihr teil. Den zu Anfang gegebenen Akt führen sie noch einmal aus, erst die Familie verwandelt Gregor Samsa, den Sohn, unwiederbringlich in einen Käfer. Aus dem Käfer wird im sozialen Zusammenhang ein Ungeziefer.

Der Roman ›*Amerika*‹ ist an Erniedrigungen reich; es sind aber nicht solche unerhörter oder irreparabler Art. Sie sind in der Vorstellung vom Kontinent mitenthalten, dessen Name als Titel des Buchs figuriert: die Erhöhung Roßmanns durch den Onkel und sein ebenso plötzlicher Sturz mag als Beispiel für vieles andere genügen. Die Härte der Lebensverhältnisse im neuen Land wird durch dessen große soziale Beweglichkeit ausgeglichen. Erwartung bleibt im Erniedrigten immer lebendig; auf jeden Sturz kann ein Wunder der Erhöhung folgen. Nichts, was Roßmann trifft, hat die Fatalität der Endgültigkeit. So ist dieses Buch das hoffnungsvollste und am wenigsten verstörende Kafkas.

Im ›*Prozeß*‹ geht die Erniedrigung von einer übergeordneten Instanz aus, die um vieles komplexer ist als die Familie der ›*Verwandlung*‹. Das Gericht, sobald es sich einmal bemerkbar gemacht hat, erniedrigt durch Zurückweichen, es hüllt sich in ein Geheimnis, dem keine Bemühung beikommt. An der Zähigkeit der Bemühung erweist sich die Sinnlosigkeit des Versuchs. Jede Spur, die verfolgt wird, erscheint irrelevant. Die Frage nach Schuld oder Unschuld, die der eigentliche Existenzgrund des Gerichts wäre, bleibt unwesentlich, ja es zeigt sich, daß durch die unablässige Bemühung um das Gericht Schuld erst entsteht. Das Grundthema der Demütigung aber, wie sie sich zwischen Mensch und Mensch abspielt, wird außerdem noch in einzelnen Episoden abgewandelt. Die Szene beim Maler Titorelli, die mit dem verwirrenden Hohn der kleinen Mädchen einsetzt, endet, während K. am Luftmangel des winzigen Ateliers zu ersticken vermeint, in der Vorführung und dem Ankauf der immergleichen Bilder. K. muß auch die Demütigung anderer mit ansehen: er erlebt, wie der Kaufmann Block am Bett des Advokaten niederkniet und sich hier in eine Art von Hund verwandelt; selbst das, wie alles andere, ist letzten Endes vergeblich.

Vom Schluß des ›*Prozeß*‹, von der Scham der öffentlichen Hinrichtung, war früher schon die Rede.

Das Bild des Hundes in diesem Sinne erscheint bei Kafka immer wieder, auch in Briefen, wo es sich auf Ereignisse in seinem Leben bezieht. So heißt es über jenen Vorfall im Frühjahr 1914 in einem Brief an Felice: »... wenn ich im Tiergarten hinter Dir herlaufe, Du immer auf dem Sprung, ganz und gar wegzugehn, ich auf dem Sprung, mich hinzuwerfen; ... in dieser Demütigung, wie sie tiefer kein Hund erleidet.« – Am Ende des ersten Absatzes von ›*In der Strafkolonie*‹ wird das Bild des mehrfach angeketteten Verurteilten in folgendem Satz resümiert: »Übrigens sah der Verurteilte so hündisch ergeben aus, daß es den Anschein hatte, als könnte man ihn frei auf den Abhängen herumlaufen lassen und müsse bei Beginn der Exekution nur pfeifen, damit er käme.«

›*Das Schloß*‹, das in eine viel spätere Periode von Kafkas Leben gehört, führt eine neue Dimension der Weite in sein Werk ein. Mehr noch als durch das Landschaftliche entsteht hier der Eindruck der Weite durch die komplettere, an Menschen viel reichere Welt, die es vorführt. Auch hier, wie im ›*Prozeß*‹, *entzieht* sich die Macht: Klamm, die Beamtenhierarchie, das Schloß. Man sieht sie, ohne aber dann sicher zu sein, daß man sie gesehen hat; die eigentliche Beziehung der ohnmächtigen Menschheit, die am Fuße des Schloßbergs angesiedelt ist, zu den Beamten, ist die des *Harrens aufs Obere*. Die Frage nach einem Grund für die Existenz dieses Oberen wird nie gestellt. Aber was von ihm ausgeht und sich unter den gewöhnlichen Menschen ausbreitet, ist die Demütigung durch Herrschaft. Der einzige Akt des Widerstandes gegen diese Herrschaft, Amalias Weigerung, einem der Beamten zu Willen zu sein, endet in der Ausstoßung ihrer ganzen Familie aus der Gemeinschaft des Dorfes. Die Ergriffenheit des Dichters gilt dem Niederen, das vergeblich harrt; dem Oberen, das in den Massenorgien seiner Akten waltet, gilt seine Abneigung. Das ›Religiöse‹, das so viele im ›*Schloß*‹ zu finden vermeinen, mag da sein, aber *nackt*, als unstillbare und unbegreifliche Sehnsucht nach Oben. Ein klarerer Angriff gegen die

Unterwerfung unter das Obere, ob man nun in diesem eine höhere oder eine bloß irdische Macht zu erkennen meint, ist nie geschrieben worden. Denn *alle* Herrschaft ist hier eins geworden, und sie erscheint verwerflich, Glaube und Macht fallen zusammen, beide wirken zweifelhaft, die Ergebenheit der Opfer, denen es gar nicht in den Sinn kommt, eine Möglichkeit anderer Lebensverhältnisse auch nur zu träumen, müßte selbst den zum Empörer machen, den die landläufig abgehaspelten Ideologien, von denen etliche versagt haben, nicht im leisesten berühren.

Kafka hat sich von Anfang an auf die Seite der Gedemütigten gestellt. Viele haben das getan, und um etwas auszurichten, haben sie sich mit anderen verbunden. Das Kraftgefühl, das ihnen dieser Zusammenschluß gab, benahm ihnen bald die akute Erfahrung der Demütigung, von der kein Ende abzusehen ist, sie geht täglich und stündlich überall weiter. Kafka hielt jede dieser Erfahrungen von ähnlich gearteten, aber auch von denen anderer Menschen getrennt. Es war ihm nicht gegeben, sie durch Beteiligung und Mitteilung loszuwerden; er hütete sie mit einer Art von Verstocktheit, als wären sie sein wichtigster Besitz. Diese Verstocktheit möchte man als seine eigentliche Begabung bezeichnen.

Menschen von seiner Empfindlichkeit sind vielleicht nicht so selten; rarer ist das Maß der Verlangsamung aller Gegenreaktionen, wie sie sich bei ihm in absonderlicher Ausprägung findet. Er spricht oft von seinem schlechten Gedächtnis, aber in Wirklichkeit verliert sich ihm nichts. Die Präzision seines Gedächtnisses verrät sich in der Art, wie er ungenaue Erinnerungen Felices aus früheren Jahren korrigiert und vervollständigt. Etwas anderes ist es, daß er über seine Erinnerungen nicht jederzeit frei verfügt. Seine Verstocktheit verweigert sie ihm, er kann nicht wie andere Dichter verantwortungslos mit Erinnerung spielen. Diese Verstocktheit folgt ihren eigenen harten Gesetzen, man möchte sagen, daß sie ihm dazu verhilft, mit seinen Abwehrkräften hauszuhalten. So ermöglicht sie ihm, Befehlen nicht auf der Stelle zu gehorchen; ihre Stachel trotzdem so zu fühlen, als hätte er gehorcht, und sich dieser dann erst noch zur Stärkung seines Widerstands zu bedienen. Wenn er aber schließlich doch gehorcht, sind es nicht mehr dieselben Befehle, denn dann hat er sie aus ihrem zeitlichen Zusammenhang gelöst, hin und her erwogen, durch Überlegung geschwächt und so ihres gefährlichen Charakters entkleidet.

Dieser Vorgang würde eine genauere Betrachtung erfordern und wäre durch konkrete Beispiele zu belegen. Ich führe nur eines dafür an: seinen hartnäckigen Widerstand gegen bestimmte Speisen. Er lebt die längste Zeit bei seiner Familie, gibt aber den bei ihr herrschenden Speisegewohnheiten keineswegs nach und behandelt diese wie abzuwehrende Befehle. So sitzt er am Tisch seiner Eltern in einer eigenen Speisewelt, die ihm den tiefsten Widerwillen seines Vaters einträgt. Die Abwehr hier gibt ihm aber die Kraft zur Abwehr bei anderen Gelegenheiten und auch gegen andere Menschen. Im Kampf gegen die fatalen Ehebegriffe der Felice spielt die Betonung dieser Eigenheiten eine kardinale Rolle. Zug um Zug verteidigt er sich gegen die Anpassung, die sie von ihm erwartet. Aber kaum ist die Verlobung aufgehoben, darf er sich auch Fleischnahrung erlauben. In einem Brief an seine Prager Freunde, von jenem Ostseebad, wo er sich bald nach dem Berliner ›Gericht‹ aufhält, schildert er, nicht ohne Ekel, seine Ausschweifungen im Essen von Fleisch. Noch Monate später berichtet er mit Genugtuung in einem Brief an Felice, wie er knapp nach der Entlobung mit ihrer Schwester Erna Fleisch essen ging. Wäre sie, Felice, dabei gewesen, er hätte Krachmandeln bestellt. So führt er später, wenn er nicht mehr unter ihrem Drucke steht, Befehle aus, die nicht mehr Unterwerfung bedeuten.

Die Schweigsamkeit Kafkas, sein Hang zu Geheimnissen, die er selbst vor seinem besten Freunde hütet, sind als notwendige Übungen dieser Verstocktheit zu betrachten. Es ist nicht immer so, daß er sich des Verschwiegenen bewußt ist. Aber wenn seine Figuren, im ›Prozeß‹ oder besonders im ›Schloß‹, in ihre manchmal redseligen Plädoyers verfallen, fühlt man, daß seine eigenen Schleusen sich öffnen: er findet die Sprache. So wenig Reden ihm seine Verstocktheit sonst erlaubt, hier, in der scheinbaren Verkleidung der Figur, gönnt sie ihm plötzlich Redefreiheit. Es geht nicht zu wie bei den Beichten, die man von Dostojewski her kennt, die Temperatur ist eine andere, viel weniger heiß; es ist auch gar nichts amorph, es ist eher Geläufigkeit auf einem klar abgegrenzten Instrument, das nur bestimmter Laute fähig ist –: die Geläufigkeit eines peniblen, aber unverwechselbaren Virtuosen.

Die Geschichte des Widerstands gegen seinen Vater, der mit den üblichen banalen Deutungen nicht beizukommen ist, ist auch die frühe Geschichte dieser Verstocktheit. Es ist viel darüber gesagt worden, das völlig verfehlt erscheint, man hätte erwarten dürfen, daß Kafkas souveräne Stellung zur Psychoanalyse dazu beigetragen hätte, wenigstens ihn selbst ihrem verengenden Bereich zu entrücken. Der Kampf gegen seinen Vater war im Wesen nie etwas anderes als ein Kampf gegen Übermacht. Der Familie als Ganzer galt sein Haß, der Vater war nichts als der mächtigste Teil dieser Familie; als die Gefahr einer eigenen Familie drohte, hatte der Kampf gegen Felice dasselbe Motiv und denselben Charakter.

Es lohnt sich, noch einmal an das Schweigen im Askanischen Hof zu erinnern, das aufschlußreichste Beispiel für seine Verstocktheit. Er reagiert nicht, wie ein anderer reagieren würde, auf Beschuldigungen schlägt er nicht mit Gegenanklagen zurück. Beim Ausmaß seiner Empfindlichkeit ist kaum daran zu zweifeln, daß er alles, was gegen ihn gesagt wird, aufnimmt und verspürt. Es wird auch nicht, wie sich mit einem hier naheliegenden Ausdruck sagen ließe, ›verdrängt‹. Er verwahrte es, aber es ist ihm sehr wohl bewußt, oft denkt er daran, es drängt sich so häufig seinem Geiste auf, daß man es als das Gegenteil einer Verdrängung bezeichnen müßte. Was stockt, ist jede äußere Reaktion, die die innere Wirkung verriete. Was immer er auf diese Weise bewahrt, ist scharf wie ein Messer, aber weder Groll noch Haß, weder Zorn noch Rachsucht zwingen ihn ja zu einem Mißbrauch des Messers. Es bleibt von den Affekten getrennt, ein autonomes Gebilde. Aber indem es sich den Affekten versagt, entzieht es ihn der Macht.

Man müßte sich für den naiven Gebrauch des Wortes ›Macht‹ entschuldigen, wäre es nicht Kafka selbst, der es, aller Vieldeutigkeit zum Trotz, ungescheut gebraucht. Das Wort taucht in den verschiedensten Zusammenhängen bei ihm auf. Seiner Scheu vor ›großen‹, überfüllten Worten verdankt man es, daß es kein einziges ›rhetorisches‹ Werk von ihm gibt; seine Lesbarkeit wird sich aus diesem Grunde nie verringern, der kontinuierliche Prozeß der Entleerung und Umfüllung von Worten, an dem beinahe alle Literatur veraltet, kann ihm nie etwas anhaben. Aber diese Scheu hat er nie vor ›Macht‹ und ›mächtig‹ empfunden, beide gehören zu seinen ungemiedenen, seinen unvermeidlichen Worten. Eine Auffindung aller Stellen, in Werken, Tagebüchern und Briefen, wo sie erscheinen, wäre wohl der Mühe wert.

Es ist aber nicht bloß das Wort, es ist auch die Sache, nämlich alles in ihm enthaltene unendlich Vielfältige, das er mit einem Mut und einer Klarheit ohnegleichen ausspricht. Denn da er Macht in jeder Form fürchtet, da das eigentliche Anliegen seines Lebens darin besteht, sich ihr in jeder Form zu entziehen, spürt, erkennt, nennt oder gestaltet er sie überall dort, wo andere sie als selbstverständlich hinnehmen möchten.

In einer Aufzeichnung, die sich in dem Bande ›*Hochzeitsvorbereitungen auf dem Lande*‹ findet, gibt er das Animalische der Macht wieder, ein ungeheures Weltbild in acht Zeilen:

»Ich war der Figur gegenüber wehrlos, ruhig saß sie beim Tisch und blickte auf die Tischplatte. Ich ging im Kreis um sie herum und fühlte mich von ihr gewürgt. Um mich ging ein Dritter herum und fühlte sich von mir gewürgt. Um den Dritten ging ein Vierter herum und fühlte sich von ihm gewürgt. Und so setzte es sich fort bis zu den Bewegungen der Gestirne und darüber hinaus. Alles fühlte den Griff am Hals.«

Die Drohung, der Griff am Hals, geht vom Innersten aus, da entspringt sie, eine Schwerkraft des Würgens, die einen Kreis um den andern zusammenhält, »bis zu den Bewegungen der Gestirne und darüber hinaus«. Aus der pythagoräischen Sphärenharmonie ist eine Sphärengewalt geworden, wobei das Gewicht der Menschen vorherrscht, von denen jeder einzelne eine eigene Sphäre darstellt.

Er fühlt die Drohung von Zähnen, so sehr, daß sie ihn gar schon einzeln, nicht erst in der Geschlossenheit ihrer zwei Reihen ›halten‹:

»Es war ein gewöhnlicher Tag; er zeigte mir die Zähne; auch ich war von Zähnen gehalten und konnte mich ihnen nicht entwinden; ich wußte nicht, wodurch sie mich hielten, denn sie waren nicht zusammengebissen; ich sah sie auch nicht in den zwei Reihen des Gebisses, sondern nur hier einige, dort einige. Ich wollte mich an ihnen festhalten und mich über sie hinwegschwingen, aber es gelang mir nicht.«

In einem Brief an Felice findet er das bestürzende Wort von der »Angst des Aufrechtstehens«. Er erklärt ihr einen Traum, den sie ihm mitgeteilt hat, dank seiner Erklärung fällt es nicht schwer, seinen Inhalt zu erschließen:

»Dagegen will ich Dir Deinen Traum deuten. Hättest Du Dich nicht auf den Boden unter das Getier gelegt, hättest Du auch den Himmel mit den Sternen nicht sehen können und wärest nicht erlöst worden. Du hättest vielleicht die Angst des Aufrechtstehens gar nicht überlebt. Es geht mir auch nicht anders: das ist ein gemeinsamer Traum, den Du für uns beide geträumt hast.«

Man muß sich unter das Getier legen, um erlöst zu werden. Das Aufrechtstehen ist die Macht des Menschen über die Tiere, aber eben in dieser offenkundigen Position seiner Macht ist er ausgesetzt, sichtbar, anfechtbar. Denn diese Macht ist zugleich Schuld, und nur am Boden, unter dem Getier liegend, kann man die Sterne sehen, die einen von dieser angsterregenden Macht des Menschen erlösen.

Von dieser Schuld des Menschen gegen die Tiere zeugt die *lauteste* Stelle in Kafkas Werk. Der folgende Absatz findet sich in ›*Ein altes Blatt*‹, aus der ›*Landarzt*‹-Sammlung:

»Letzthin dachte der Fleischer, er könne sich wenigstens die Mühe des Schlachtens sparen, und brachte am Morgen einen lebendigen Ochsen. Das darf er nicht mehr wiederholen. Ich lag wohl eine Stunde ganz hinten in meiner Werkstatt platt auf dem Boden und alle meine Kleider, Decken und Polster hatte ich über mir aufgehäuft, nur um das Gebrüll des Ochsen nicht zu hören, den von allen Seiten die Nomaden ansprangen, um mit den Zähnen Stücke aus seinem warmen Fleisch zu reißen. Schon lange war es still, ehe ich mich auszugehen getraute; wie Trinker um ein Weinfaß lagen sie müde um die Reste des Ochsen.«

»Schon lange war es still . . .« Darf man sagen, daß der Erzähler sich dem Unerträglichen entzog, daß er Stille wiedergefunden hat, da es nach diesem Gebrüll keine Stille mehr gibt? Es ist Kafkas eigene Position, aber alle Kleider, Decken und Polster der Welt wären nicht imstande, das Gebrüll in seinen Ohren für immer zum Verstummen zu bringen. Wenn er sich ihm entzog, so war es, um es dann wieder zu hören, denn es hat nie ausgesetzt. Das Wort ›entziehen‹ freilich, das hier gebraucht worden ist, ist auf Kafka angewandt, ein sehr ungenaues. In seinem Falle bedeutet es, daß er Stille suchte, um nichts anderes zu hören, nichts, das weniger war als Angst.

Mit der Macht überall konfrontiert, bot ihm jene Verstocktheit zuweilen Aufschub. Wenn sie aber nicht ausreichte oder versagte, übte er sich im *Verschwinden;* hier zeigt sich der helfende Aspekt seiner Magerkeit, für die er, wie man weiß, auch oft Verachtung fühlte. Durch leibliche Verringerung entzog er *sich* Macht und hatte dadurch weniger teil an ihr, auch diese Askese war gegen Macht gerichtet. Derselbe Hang zum Verschwinden zeigt sich in der Beziehung zu seinem Namen. In zweien der Romane, im ›Prozeß‹ wie im ›Schloß‹, verringert er seinen Namen zum Anfangsbuchstaben K. In den Briefen an Felice kommt es vor, daß der Name immer kleiner wird und schließlich ganz verschwindet.

Am erstaunlichsten ist ein anderes Mittel, über das er so souverän verfügt wie sonst nur Chinesen: die Verwandlung ins Kleine. Da er Gewalt verabscheute, sich aber auch die Kraft nicht zutraute, die zu ihrer Bestreitung vonnöten ist, vergrößerte er den Abstand zwischen dem Stärkeren und sich, indem er im Hinblick auf das Starke immer kleiner wurde. Durch diese Einschrumpfung gewann er zweierlei: er entschwand der Drohung, indem er zu gering für sie wurde, und er befreite sich selbst von allen verwerflichen Mitteln zur Gewalt; die kleinen Tiere, in die er sich mit Vorliebe verwandelte, waren harmlos.

Auf die Genese dieser ungewöhnlichen Begabung wirft ein früher Brief an Brod ein sehr helles Licht. Er stammt aus dem Jahre 1904, als der Schreiber 21 Jahre alt war; ich nenne ihn den Maulwurfsbrief und zitiere daraus, was für das Verständnis von Kafkas Verwandlung ins Kleine notwendig erscheint. Ich schicke aber erst noch einen Satz voraus, der sich schon ein Jahr früher in einem Brief an den Jugendfreund Oskar Pollak findet: »Man ehre den Maulwurf und seine Art, aber man mache ihn nicht zu seinem Heiligen.« Das ist noch nicht sehr viel, aber immerhin: der Maulwurf ist zum erstenmal aufgetreten. Schon liegt ein besonderer Ton auf ›seiner Art‹, und in der Warnung, daß man ihn nicht zu seinem Heiligen machen möge, ist die Ankündigung von seiner späteren Bedeutung nicht zu überhören. Folgendes aber steht in jenem Brief an Max Brod:

»Wir durchwühlen uns wie ein Maulwurf und kommen ganz geschwärzt und sammethaarig aus unsern verschütteten Sandgewölben, unsere armen roten Füßchen für zartes Mitleid emporgestreckt.

Bei einem Spaziergang ertappte mein Hund einen

Maulwurf, der über die Straße laufen wollte. Er sprang immer wieder auf ihn und ließ ihn dann wieder los, denn er ist noch jung und furchtsam. Zuerst belustigte es mich und die Aufregung des Maulwurfs besonders war mir angenehm, der geradezu verzweifelt und umsonst im harten Boden der Straße ein Loch suchte. Plötzlich aber als der Hund ihn wieder mit seiner gestreckten Pfote schlug, schrie er auf. Ks, kss so schrie er. Und da kam es mir vor – Nein es kam mir nichts vor. Es täuschte mich bloß, weil mir an jenem Tag der Kopf so schwer herunterhing, daß ich am Abend mit Verwunderung bemerkte, daß mir das Kinn in meine Brust hineingewachsen war.«

Es wäre dazu zu sagen, daß der Hund, der den Maulwurf jagte, Kafkas Hund ist, er ist sein Herr. Für den Maulwurf, der in Todesangst auf der harten Straße nach einem Loch sucht, in das er sich retten könnte, existiert er selbst nicht, das Tier hat Angst nur vor dem Hund, seine Sinne sind nur für diesen offen. Er aber, so erhaben darüber, durch seine aufrechte Stellung, seine Größe und seinen Besitz des Hundes, der ihm nie Drohung sein könnte, lacht erst über die verzweifelten und vergeblichen Bewegungen des Maulwurfs. Dieser ahnt nicht, daß er sich an ihn um Hilfe wenden könnte, er hat das Beten nicht gelernt, und alles, was er vermag, sind seine kleinen Schreie. Sie sind das einzige, was an den Gott rührt, denn hier ist er der Gott, das Oberste, der Höhepunkt der Macht, und in diesem Fall ist Gott sogar gegenwärtig. Ks, kss schreit der Maulwurf, und über diesem Schrei verwandelt er, der Beschauer, sich in den Maulwurf; und ohne sich vor dem Hund, der sein Sklave ist, fürchten zu müssen, fühlt er, was es ist, ein Maulwurf zu sein.

Der unerwartete Schrei ist nicht das einzige Vehikel zur Verwandlung ins Kleine. Ein anderes sind die »armen roten Füßchen«, wie Hände um Mitleid emporgestreckt. Im Fragment ›*Erinnerung an die Kaldabahn*‹ – vom August 1914 – findet sich ein verwandter Annäherungsversuch an eine sterbende Ratte über ihr ›Händchen‹:

»Für die Ratten, die manchmal meine Nahrungsmittel angriffen, genügte mein langes Messer. – In der ersten Zeit, als ich noch alles neugierig auffaßte, spießte ich einmal eine solche Ratte auf und hielt sie vor mir in Augenhöhe an die Wand. Man sieht kleinere Tiere erst dann genau, wenn man sie vor sich in Augenhöhe hat; wenn man sich zu ihnen zur Erde beugt und sie dort ansieht, bekommt man eine falsche, unvollständige Vorstellung von ihnen. Das Auffallendste an diesen Ratten waren die Krallen, groß, ein wenig gehöhlt und am Ende doch zugespitzt, sie waren sehr zum Graben geeignet. Im letzten Kampf, in dem die Ratte vor mir an der Wand hing, spannte sie dann die Krallen scheinbar gegen ihre lebendige Natur straff aus, sie waren einem Händchen ähnlich, das sich einem entgegenstreckt.«

Man muß kleinere Tiere vor sich in Augenhöhe haben, um sie genau zu sehen: das ist, wie wenn man sie sich durch Erhebung gleichstellen würde. Das Niederbeugen zur Erde, eine Art Herablassung, gibt einem eine falsche, unvollständige Vorstellung von ihnen. Bei der Erhebung kleinerer Tiere auf Augenhöhe denkt man auch an Kafkas Neigung, solche Geschöpfe zu vergrößern: den Käfer in der ›*Verwandlung*‹, das maulwurfartige Geschöpf im ›*Bau*‹. Die Verwandlung ins Kleine wird durch das Entgegenkommen des Tiers, durch seine Vergrößerung, anschaulicher, greifbarer, glaubwürdiger.

Ein Interesse für ganz kleine Tiere, besonders für Insekten, das dem Kafkas vergleichbar wäre, findet sich sonst nur im Leben und in der Literatur der Chinesen. Zu den Lieblingstieren der Chinesen gehören schon sehr früh Grillen. In der Sung-Zeit wurde es Sitte, Grillen zu halten, die zu Wettkämpfen erzogen und gereizt wurden. Man trug sie zum Beispiel in ausgehöhlten Walnüssen an der Brust, die mit eigenem Mobiliar für die Wohnzwecke der Grillen versehen waren. Der Besitzer einer berühmten Grille gab Mücken Blut aus seinem eigenen Arm zu trinken, und wenn sie damit vollgesogen waren, zerhackte er sie und setzte dieses Haschee, um ihre Kampflust zu steigern, seiner Grille vor. Mit besonderen Pinseln verstand man es, sie zum Angriff zu reizen, und sah dann, kauernd oder auf dem Bauche liegend, dem Kampf der Grillen zu. Ein Tierchen, das sich durch ungewöhnliche Kühnheit auszeichnete, wurde mit dem ehrenden Namen eines Feldherrn aus der chinesischen Geschichte bedacht, wobei man annahm, daß die Seele dieses Feldherrn jetzt ihren Sitz im Körper der Grille aufgeschlagen habe. Dank dem Buddhismus galt der Glaube an die Seelenwanderung in China für die meisten als etwas sehr Natürliches, und so hatte eine solche Vorstellung nichts Abwegiges an sich. Die Suche nach geeigneten Grillen für den Kaiserhof war über das ganze Land verbreitet, und für hoffnungsvolle Exemplare wurden sehr hohe Preise gezahlt. Man erzählt, daß zur Zeit, da das Reich der Sung von den Mongolen überrannt wurde, der Oberbefehlshaber der Chinesen platt auf dem Bauche lag und einem Grillenkampf zusah, als ihm die Nachricht von der Umzingelung der Hauptstadt durch den Feind und ihrer höchsten Gefahr überbracht wurde. Er vermochte es nicht, sich von den Grillen zu trennen, erst mußte er sehen, wer hier siege; die Hauptstadt fiel, und mit dem Reich der Sung war es zu Ende.

Schon viel früher, in der Tang-Zeit, wurden Grillen um ihres Zirpens willen in kleinen Käfigen gehalten. Aber ob man sie in die Höhe hielt, um sie beim Zirpen aus der Nähe besser zu betrachten, oder um ihrer Kostbarkeit willen immer auf der Brust bei sich herumtrug und dann zu sorgfältiger Pflege ihrer Wohnung dieser entnahm, man hatte sie in Augenhöhe emporgehoben, wie Kafka es empfahl. Man sah sie mit sich auf gleich und gleich, und wenn sie miteinander kämpfen sollten, kauerte oder legte man sich zu ihnen auf den Boden. Ihre Seelen aber waren die von berühmten Feldherrn, und der Ausgang ihrer Kämpfe mochte wichtiger erscheinen als das Schicksal eines großen Reiches.

Geschichten, in denen kleine Tiere eine Rolle spielen,

sind bei den Chinesen sehr verbreitet; besonders häufig sind solche, in denen Grillen, Ameisen, Bienen einen Menschen unter sich aufnehmen und wie Menschen mit ihm umgehen. Ob allerdings Kafka die ›*Chinesischen Geister- und Liebesgeschichten*‹ von Martin Buber wirklich gelesen hat, ein Buch, in dem einige solcher Geschichten vorkommen, wird aus den Briefen an Felice nicht ganz klar. (Immerhin wird das Buch lobend von ihm erwähnt, und zu seinem Unmut – es ist jene Zeit seiner Eifersucht auf andere Dichter – stellt sich heraus, daß Felice es sich schon selber gekauft hat.) Aber auf jeden Fall gehört er mit manchen seiner Erzählungen in die chinesische Literatur. Chinesische Themen sind von der europäischen Literatur seit dem 18. Jahrhundert oft aufgegriffen worden. Doch der einzige, seinem Wesen nach chinesische Dichter, den der Westen aufzuweisen hat, ist Kafka.* In einer Aufzeichnung, die einem taoistischen Text entstammen könnte, hat er selbst zusammengefaßt, was ›das Kleine‹ für ihn bedeutet: »Zwei Möglichkeiten: sich unendlich klein machen oder es sein. Das zweite ist Vollendung, also Untätigkeit, das erste Beginn, also Tat.«

Es ist mir sehr wohl bewußt, daß hier nur ein geringer Teil von dem berührt worden ist, was über Macht und über Verwandlung bei Kafka zu sagen wäre. Eine Bemühung um Vollständigkeit oder Ausführlichkeit wäre nur im Rahmen eines größeren Buches möglich, und hier soll die

---

* Zugunsten dieser Meinung möchte ich hier erwähnen, daß sie auch vom besten modernen Kenner der östlichen Literaturen, Arthur Waley, geteilt und in vielen Gesprächen eingehend diskutiert wurde. Kafka war, gewiß aus diesem Grund, der einzige deutsche Prosaist, den er mit Leidenschaft las, er war mit ihm so vertraut wie mit Po Chü-I und dem buddhistischen Affenroman, die er selbst übersetzt hatte. In jenen Gesprächen mit ihm war oft die Rede vom ›natürlichen‹ Taoismus Kafkas, aber auch, damit kein Aspekt des Chinesischen fehle, von der besonderen Färbung seines Ritualismus. Als vorzügliche Beispiele dafür galten Waley ›*Die Abweisung*‹ und ›*Beim Bau der Chinesischen Mauer*‹, aber es wurden auch andere Erzählungen in diesem Zusammenhang erwähnt.

Geschichte seiner Beziehung zu Felice, von der noch drei Jahre ausständig sind, zu Ende geführt werden.

Von allen dürren Jahren dieser Beziehung war das Jahr 1915 das dürrste. Es stand im Zeichen von Bodenbach; was Kafka einmal in Worte gefaßt, was er niedergeschrieben hatte, behielt bei ihm lange seine Wirkung. Anfangs, als Folge des Zusammenstoßes, aber in größeren Zwischenräumen, empfing Felice noch einige Briefe. Es fanden sich Klagen darin über das Nachlassen des Schreibens – damit war es jetzt wirklich wieder zu Ende –, über den Lärm in den neuen Zimmern, die er bezog; darüber schreibt er am ausführlichsten, und es sind auch die fesselndsten Stellen. Immer schwerer findet er sich mit seinem Beamtendasein ab; unter den Vorwürfen, mit denen er Felice nicht verschont, ist der härteste der, daß sie sich gewünscht hatte, mit ihm in Prag zu leben. Prag ist ihm unerträglich, und um fortzukommen, trägt er sich mit dem Gedanken einzurücken. Am Krieg leide er meistens dadurch, daß er nicht selbst dabei sei. Es sei aber nicht ausgeschlossen, daß er selbst noch drankomme. Er komme bald zur Musterung, sie solle sich wünschen, daß er genommen werde, so wie er es wolle. – Aber es wird trotz wiederholten Versuchen nichts daraus, und er bleibt, ›verzweifelt wie eine eingesperrte Ratte‹, in seinem Prager Bureau.

Sie schickt ihm ›*Salammbô*‹ mit einer sehr traurigen Widmung. Es macht ihn unglücklich, das zu lesen, und er versucht es für einmal mit einem tröstenden Brief: »Nichts ist zuende, kein Dunkel, keine Kälte. Sieh, Felice, das einzige, was geschehen ist, ist, daß meine Briefe seltener und anders geworden sind. Was war das Ergebnis der häufigern und andern Briefe? Du kennst es. Wir müssen neu anfangen . . .«

Vielleicht ist es diese Widmung, die ihn dazu veranlaßt, sich zu Pfingsten mit ihr und Grete Bloch in der Böhmischen Schweiz zu treffen. Es ist für beide der einzige Lichtblick des Jahres. Die Anwesenheit von Grete Bloch mag zum guten Verlauf dieser zwei Tage beigetragen haben.

Etwas vom starren Schrecken des ›Gerichts‹, das die beiden Frauen zusammen über ihn abgehalten hatten, dürfte sich bei dieser Gelegenheit in ihm gelöst haben. Felice hatte Zahnschmerzen, er durfte Aspirin holen und sie »auf dem Gang von Gesicht zu Gesicht lieb haben«. Sie hätte ihn sehen sollen, schrieb er ihr, gleich nach seiner Rückkehr aus Prag, wie er die lange Fahrt über im Flieder die Erinnerung an sie und ihr Zimmer suchte. Niemals sonst nimmt er etwas Derartiges auf eine Fahrt mit, er war kein Freund von Blumen. Und am nächsten Tag schreibt er, es sei ihm bange, er sei zu lange dort geblieben. Zwei Tage wären zu viel gewesen. Nach einem Tag könne man sich leicht loslösen, zwei Tage aber erzeugten schon Verbindungen, deren Lösung weh tue.

Schon wenige Wochen darauf, im Juni, kam es zu einer neuen Begegnung in Karlsbad. Diesmal war es kurz, und alles ging sehr schlecht. Genaueres darüber ist nicht bekannt, aber in einem späteren Brief ist die Rede von Karlsbad und der »wahrhaft abscheulichen Fahrt nach Aussig«. Es muß, so rasch nach den guten Pfingsttagen, besonders arg gewesen sein, denn Karlsbad wird in die Liste der peinlichsten Augenblicke aufgenommen, es figuriert gleich neben dem Tiergarten und dem Askanischen Hof.

Von nun an schreibt er fast gar nicht mehr, oder er wehrt ihre Klagen über sein Schweigen ab. »Warum schreibst Du nicht?« so spricht er zu sich –, »Warum quälst Du F.? Daß Du sie quälst, ist doch aus ihren Karten offensichtlich. Du versprichst zu schreiben und schreibst nicht. Du telegraphierst ›Brief unterwegs‹, aber es ist kein Brief unterwegs, sondern er wird erst 2 Tage später geschrieben. Etwas Derartiges dürften vielleicht einmal ausnahmsweise Mädchen machen ...« Die Umkehrung ist offenkundig, er tut ihr jetzt genau das, was sie vor Jahren ihm getan hat, und seine Erwähnung von Mädchen, die das machen dürfen, spricht nicht eben dafür, daß es ihm nicht bewußt ist.

Von August bis Dezember hört sie gar nichts von ihm, und wenn er später doch wieder hie und da schreibt, so ist es beinah immer nur, um ihren Vorschlag zu einer Zusammenkunft abzuwehren. »Es wäre schön zusammenzukommen, wir sollen es aber doch nicht machen. Es wäre nur etwas Provisorisches und am Provisorischen haben wir schon genug gelitten.« – »Faßt man aber alle Rücksichten zusammen, ist es besser, Du kommst nicht.« – »Solange ich nicht frei bin, will ich mich nicht sehen lassen, will Dich nicht sehn.« – »Vor der Zusammenkunft warne ich Dich und mich, denke genügend stark an frühere Zusammenkünfte und Du wirst es nicht mehr wünschen ... Also keine Zusammenkunft.«

Das letzte Zitat ist schon vom April 1916 und klingt im Zusammenhang des Briefes, dem es entstammt, noch um vieles härter. Seine Abwehr hat sich nun, wenn man das karge Pfingst-Intermezzo von 1915 ausnimmt, im Verlauf von anderthalb Jahren verstärkt, und man sieht nicht, wie sich das je wieder ändern könnte. Aber eben in diesem April taucht zum erstenmal das Wort Marienbad auf einer Postkarte auf und kehrt von da ab regelmäßig wieder. Er plant einen Urlaub und möchte drei Wochen in Marienbad bleiben und da ruhig leben. Die Postkarten folgen sich nun häufiger. Mitte Mai findet er sich wirklich in Marienbad auf einer Dienstreise und schreibt ihr von dort gleich einen längeren Brief und eine Postkarte:

». . . Marienbad ist unbegreiflich schön. Ich hätte schon viel früher meinem Instinkt folgen sollen, der mir sagt, daß die Dicksten auch die Klügsten sind. Denn abmagern kann man überall auch ohne Quellenanbetung, aber in solchen Wäldern sich herumtreiben nur hier. Allerdings ist jetzt die Schönheit gesteigert durch die Stille und Leere und durch die Aufnahmebereitschaft alles Belebten und Unbelebten; dagegen kaum beeinträchtigt durch das trübe, windige Wetter. Ich denke, wenn ich ein Chinese wäre und gleich nach Hause fahren würde (im Grunde bin ich ja Chinese und fahre nachhause), müßte ich es doch bald erzwingen, wieder herzukommen. Wie würde es Dir gefallen!«

Ich habe den Inhalt dieser Postkarte fast ganz zitiert, denn es finden sich auf ihr so viele seiner wesentlichen Neigungen und Züge auf knappstem Raum beisammen: seine Liebe zu den Wäldern, sein Hang nach Stille und Leere, die Frage der Magerkeit und sein beinahe abergläubischer Respekt vor dicken Menschen. Stille und Leere, das trübe, windige Wetter, die Aufnahmebereitschaft alles Belebten und Unbelebten gemahnen an Taoismus und eine chinesische Landschaft, und so findet sich hier die meines Wissens einzige Stelle, in der er von sich sagt: »Im Grunde bin ich ja Chinese...« Der Schlußsatz: »Wie würde es Dir gefallen!« ist sein erster wirklicher Annäherungsversuch an Felice nach Jahren, und ihm entspringen die Tage des Marienbader Glücks.

Die Verhandlungen – man kann es wohl nicht anders sagen – über den gemeinsamen Urlaub ziehen sich nun noch über einen Monat lang hin und beleben die Korrespondenz auf ganz erstaunliche Weise. Felice, um es ihm ja recht zu machen, schlägt sogar ein Sanatorium vor. Vielleicht spielt bei ihr dunkel die Erinnerung an das Sanatorium in Riva mit, wo drei Jahre zuvor die Nähe zur ›Schweizerin‹ ihm zum Segen wurde. Aber ihm gefällt dieser Vorschlag nicht, ein Sanatorium sei fast »ein neues Bureau im Dienst des Körpers«, er zieht ein Hotel vor. Vom 3. bis 13. Juli verbringen Kafka und Felice zehn Tage in Marienbad zusammen.

Er ließ das Büro in Prag in musterhafter Ordnung zurück, er war glückselig, es zu verlassen, wäre es Abschied für immer gewesen, er wäre »bereit gewesen, auf den Knien jede Treppenstufe vom Boden bis zum Keller zu waschen, um ihr auf diese Weise die Dankbarkeit des Abschieds zu beweisen«. In Marienbad holte ihn Felice von der Bahn ab. Die erste Nacht verbrachte er in einem häßlichen Hofzimmer. Aber am nächsten Tag übersiedelte er in ein »außerordentlich schönes Zimmer« im Hotel ›Balmoral‹. Da wohnte er Tür an Tür mit Felice, von beiden Seiten hatten sie Schlüssel. Kopfweh und Schlaflosigkeit waren schlimm, die ersten Tage und besonders die Nächte fühlte er sich gequält und verzweifelt, er trug ins Tagebuch ein, wie schlecht es ging. Am 8. machte er mit Felice einen Ausflug nach Tepl in elendem Wetter, dann aber wurde es »ein Nachmittag wunderbar leicht und schön«, und das war die Wende. Es kamen fünf glückliche Tage mit ihr, für jedes ihrer fünf Jahre, möchte man sagen, je ein einziger Tag. Ins Tagebuch schrieb er: »Ich war noch niemals, außer in Zuckmantel, mit einer Frau vertraut. Dann noch mit der Schweizerin in Riva. Die erste war eine Frau, ich unwissend, die zweite ein Kind, ich ganz und gar verwirrt. Mit F. war ich nur in Briefen vertraut, menschlich erst seit zwei Tagen. So klar ist es ja nicht, Zweifel bleiben. Aber schön der Blick ihrer besänftigten Augen, das Sich-Öffnen frauenhafter Tiefe.«

Am Vorabend der Abreise von Felice begann er einen langen Brief an Max Brod, den er erst später vollendete, als sie schon fort war:

». . . Jetzt aber sah ich den Blick des Vertrauens einer Frau und konnte mich nicht verschließen . . . Ich habe kein Recht, mich dagegen zu wehren, um so weniger als ich das, was geschieht, wenn es nicht geschähe, selbst mit freiwilliger Hand täte, um nur wieder jenen Blick zu erhalten. Ich kannte sie ja gar nicht, neben anderen Bedenken allerdings hinderte mich damals geradezu Furcht vor der Wirklichkeit jener Briefschreiberin; als sie mir im großen Zimmer entgegenkam, um den Verlobungskuß entgegenzunehmen, ging ein Schauder über mich; die Verlobungsexpedition mit meinen Eltern war für mich eine Folterung Schritt für Schritt; vor nichts hatte ich solche Angst wie vor dem Alleinsein mit F. vor der Hochzeit. Jetzt ist es anders und gut. Unser Vertrag in Kürze: Kurz nach Kriegsende heiraten, in einem Berliner Vorort zwei, drei Zimmer nehmen, jedem nur die wirtschaftliche Sorge für sich lassen. F. wird weiter arbeiten wie bisher und ich, nun ich, das kann ich noch nicht sagen . . . Trotzdem – jetzt ist darin Ruhe, Bestimmtheit und damit Lebensmöglichkeit . . .«

».... Es waren seit dem Tepler Vormittag so schöne und leichte Tage, wie ich nicht mehr geglaubt hätte, sie erleben zu können. Es gab natürlich Verdunklungen dazwischen, aber das Schöne und Leichte hatte die Oberhand ...«

Kafka hatte Felice am letzten Tag ihrer Ferien nach Franzensbad gebracht, um mit ihr seine Mutter und eine seiner Schwestern dort zu besuchen. Als er abends nach Marienbad zurückkehrte, wo er weitere zehn Tage allein zu bleiben gedachte, hatte man sein Zimmer im Hotel, das besonders ruhig war, an neue Gäste vermietet, und er mußte in das viel lautere Zimmer Felices übersiedeln. So sind die ersten Postkarten nach ihrer Abreise wieder mit Klagen erfüllt, über Lärm, Kopfschmerzen und schlechten Schlaf. Aber nach wieder fünf Tagen hatte er sich an ihr Zimmer gewöhnt, und nun, mit der Verspätung, die man von ihm kennt, breitet sich eine Zärtlichkeit und ein Glücksgefühl auf den Postkarten an sie aus, die den Leser schon wegen ihrer Seltenheit bis ins Herz ergreifen. Als einen Glücksfall muß man es betrachten, daß er an ihren gemeinsamen Stätten verblieb, als sie schon fort war. Er ging auf denselben Wegen in den Marienbader Wäldern, aß die vorbestimmten Gerichte, durch die er sein Gewicht vermehren wollte, in denselben Lokalen. Nachts saß er auf ihrem Balkon, am selben Tisch, und schrieb ihr beim Licht der ihnen beiden vertrauten Lampe.

Es steht alles auf Postkarten, jeden Tag schickt er ihr eine, an manchen Tagen zwei. Die erste trägt noch die Überschrift »Meine arme Liebste«, denn er fühlt sich noch schlecht, immer wenn er Felice ›arm‹ nennt, meint er sich, er ist der Arme. »Ich schreibe mit Deiner Feder, Deiner Tinte, schlafe in Deinem Bett, sitze auf Deinem Balkon – das wäre nicht schlimm, höre aber durch die nur einfache Tür den Lärm des Ganges und den Lärm der Doppelmieter rechts und links.« Der Lärm übertönt hier noch alles, sonst hätte er sich wohl kaum mit »das wäre nicht schlimm« als Folge des Vorangegangenen so vergriffen. Die Karte endet mit dem Satz: »Ich gehe jetzt in den

Dianahof, um über den Butterteller gebeugt an Dich zu denken.«

Auf einer späteren Karte teilt er ihr mit, daß er trotz Schlaflosigkeit und Kopfschmerzen dick wird, und schickt ihr den kompletten ›gestrigen Speisezettel‹. Da finden sich, genau an ihre Tageszeiten gebunden, die Dinge, die man bei ihm erwarten würde, Milch, Honig, Butter, Kirschen usw., aber bei 12 Uhr steht, man traut seinen Augen nicht: »Kaiserfleisch, Spinat, Kartoffeln.«

Er hat also tatsächlich einen Teil seines Widerstandes gegen sie aufgegeben –: der Speisezettel in dieser Liebe ist wichtig. Er wird ›dick‹, er ißt auch Fleisch; da er im übrigen lauter Dinge ißt, die er auch früher gebilligt hätte, besteht der Kompromiß zwischen ihnen in der Menge dieser Dinge und im ›Kaiserfleisch‹. So haben sie in den gemeinsamen Marienbader Tagen sich auch durch einverständliches Essen einander genähert und miteinander ausgesöhnt. Die Routine des Lebens im Kurort beruhigt Kafka und nimmt ihm die Angst vor ihr. Nach ihrer Abreise setzt er, an denselben Orten, dieselbe Art des Essens fort und teilt es ihr als eine Art von Liebeserklärung mit.

Aber er huldigt ihr auch auf weniger intime, auf gehobenere Weise: »Sieh nur, den höchsten Kurgast von Marienbad, d. h. denjenigen, auf den das größte menschliche Vertrauen gerichtet ist, haben wir gar nicht gekannt: der Belzer Rabbi, jetzt wohl der Hauptträger des Chassidismus. Er ist seit 3 Wochen hier. Gestern war ich zum erstenmal unter den etwa 10 Leuten des Gefolges bei seinem Abendspaziergang ... Und wie geht es Dir, mein höchster Marienbader Kurgast? Habe noch keine Nachricht, begnüge mich mit den Erzählungen der alten Wege, z. B. heute der Trotz- und Geheimnis-Promenade.«

Einmal, er hatte seit zwei Tagen keine Nachricht, heißt es: »Man wurde so verwöhnt durch das Beisammensein, zwei Schritte nach links und man konnte Nachricht haben.« Auf der zweiten Karte eines Tages steht: »Liebste –

übertreibe ich das Schreiben wieder wie in früheren Zeiten? Zur Entschuldigung: ich sitze auf Deinem Balkon, auf Deiner Tischseite, als wären die 2 Tischseiten Wagschalen; das an unsern guten Abenden bestehende Gleichgewicht wäre gestört; und ich, allein auf der einen Wagschale, versänke: Versänke, weil Du fern bist. Darum schreibe ich ... Es ist jetzt hier fast die Stille, die ich will: Das Nachtlicht brennt auf dem Balkontischchen, alle anderen Balkone sind leer wegen der Kälte, nur von der Kaiserstraße her kommt das gleichmäßige, mich nicht störende Gemurmel.«

In diesem Augenblick war er frei von Angst. Er saß auf ihrer Tischseite, als wäre er sie, aber die Waagschale sank, weil sie fern war, und er schrieb ihr. Es war fast die Stille, die er wollte, das Nachtlicht brannte nur auf seinem Balkon, und es war nicht Gleichgültigkeit, von der es sich nährte. Auf allen anderen Balkonen war es kalt und leer. Das gleichmäßige Gemurmel von der Straße her war nicht Verstörung.

Jener Satz aus der Zeit, da er Felice nicht wirklich kannte: daß nämlich Angst neben Gleichgültigkeit das Grundgefühl sei, das er gegenüber Menschen habe, war entkräftet. Wenn ihm die Freiheit des Nachtlichts gegeben war, fühlte er auch Liebe. »Einer muß wachen, heißt es. Einer muß da sein.«

Jedes Leben ist lächerlich, das man gut genug kennt. Wenn man es noch besser kennt, ist es ernst und furchtbar. Als Kafka nach Prag zurückkehrte, machte er sich an ein Unternehmen, das sich der Betrachtung von beiden Seiten bietet. Das Bild, das er vor Marienbad von Felice gehabt hatte, war ihm unerträglich, und er widmete sich der herkulischen Aufgabe, es zu ändern. Schon längere Zeit, schon seit Bodenbach, hatte er sie klar gesehen und ihr ohne Rücksicht vorgehalten, was ihn an ihr peinigte. Aber er hatte es nur sporadisch und ohne Hoffnung getan, denn es gab nichts, was er zu ihrer Änderung vorbringen konnte. In Marienbad kam die Rede auf das Jüdische Volksheim in Berlin, wo man für Flüchtlinge und Flüchtlingskinder sorgte, und Felice hatte spontan den Wunsch geäußert, in ihrer freien Zeit dort zu arbeiten. Er hatte ohne Erwartung oder Absicht davon erzählt und freute sich, als sie »den Gedanken des Heims so frei und gut begriff«. Von diesem Augenblick an verspürte er Hoffnung für sie, und mit der Zähigkeit, die die Stelle von Kraft bei ihm vertrat, ermahnte er sie nun in jedem Brief an Berlin, ihren Plan einer Annäherung an das Volksheim zu verwirklichen. Während drei, vier Monaten, bis Anfang November, schrieb er ihr beinahe täglich, und der weitaus wichtigste, wenn auch nicht einzige Gegenstand seiner Briefe war das Volksheim.

Felice zog zögernd Erkundigungen ein, sie fürchtete, daß vielleicht nur Studenten zur Mitarbeit am Volksheim zugelassen würden. Er, in seiner Antwort, verstand gar nicht, wie sie zu dieser Meinung käme. »Natürlich haben Studenten und Studentinnen als die durchschnittlich selbstlosesten, entschlossensten, unruhigsten, verlangendsten, eifrigsten, unabhängigsten, weitsichtigsten Menschen die Sache angefangen und führen sie, aber jeder Lebende gehört ebensogut dazu.« (Man wird schwerlich je wieder soviel Superlative bei ihm beisammen finden.) Sich dort zur Verfügung zu stellen, sei unzähligemal wichtiger als Theater, als Klabund und was es sonst noch gäbe. Es sei auch eine der eigennützigsten Angelegenheiten. Man helfe nicht, sondern suche Hilfe, es sei aus dieser Arbeit mehr Honig zu holen als aus allen Blumen der Marienbader Wälder – er sei geradezu gierig auf Nachrichten über ihre Beteiligung. – Wegen des Zionismus, den sie nicht genügend kenne, solle sie sich nicht fürchten. Es kämen durch das Volksheim andere Kräfte in Gang und Wirkung, an denen ihm viel mehr gelegen sei.

Noch in Marienbad hatte er ein Buch über das Leben der Gräfin Zinzendorf gelesen, er bewunderte ihre Gesinnung und ihr »fast übermenschliches Werk« bei der Leitung der Herrnhuter Brüderkirche. Er spricht öfters von ihr, und bei allen Ratschlägen, die er nun gibt, schwebt sie ihm als allerdings ganz und gar unerreichbares Vorbild für Felice vor. »Als die Gräfin nach der Hochzeit, 22 Jahre alt, in ihre neue Dresdner Wohnung kam, welche die Großmutter Zinzendorfs für das junge Paar in einer für die damaligen Verhältnisse wohlhabenden Weise hatte einrichten lassen, brach sie in Tränen aus.« Dann folgt ein frommer Satz der jungen Gräfin über ihre Unschuld an diesen Tändeleien und ihre Bitte um die Gnade Gottes, die ihre Seele festhalten und ihre Augen von aller Torheit der Welt abkehren möge. Kafka fügte folgendes hinzu: »In eine Tafel einzugraben und über dem Möbelmagazin einzulassen.«

Mit der Zeit wächst sich diese Einwirkung zu einer förmlichen Kampagne aus, und es ist klar, worum es ihm damit eigentlich geht. Er will Felice sozusagen ›entbürgerlichen‹, ihr die Möbel austreiben, die für ihn das Schreckliche und Hassenswerte der bürgerlichen Ehe verkörpern. Sie soll lernen, wie wenig Bureau und Familie, als Lebensform der Sehnsucht, bedeuten und kontrastiert diese mit der demütigen Tätigkeit der Hilfe in einem Heim für Flüchtlingskinder. Aber die Art, wie er sie damit bedrängt, verrät ein Maß geistlicher Herrschsucht, das man ihm kaum zugetraut hätte. Über jeden Schritt, der sie näher zum Volksheim führt und dann über jede Einzelheit ihrer Tätigkeit dort, sobald sie einmal aufgenommen ist, läßt er sich Bericht erstatten. Ein Brief findet sich, in dem er ihr an die zwanzig Fragen darüber stellt, seine Unersättlichkeit steigert sich, und er kann nie genug davon hören. Er spornt sie an, er kritisiert sie, er beteiligt sich an der Arbeit für ein Referat, das sie im Volksheim halten soll, und liest und studiert zu diesem Zweck die ›Jugendlehre‹ von Friedrich Wilhelm Förster. Er sucht die Lektüre für die Kinder in ihrem Heim aus, schickt ihr sogar aus Prag die Jugendausgaben mancher Werke, die er für besonders geeignet hält, kommt mit peinlicher Pedanterie in seinen Briefen immer wieder darauf zurück, verlangt Fotografien von Felice inmitten ihrer Kinder, die er durch genaue Betrachtung aus der Ferne kennenlernen will, lobt Felice überschwänglich, wenn er mit ihr zufrieden ist, und dieses Lob klingt so intensiv, daß sie es für Liebe halten muß, es stellt sich immer dann ein, wenn sie seine Anweisungen ausführt. Allmählich wird es wirklich eine Art von Unterordnung und Gehorsam, die er von ihr erwartet. Die Korrektur an ihrem Bilde, die Wandlung ihres Charakters, ohne die er sich ein künftiges Leben mit ihr nicht vorstellen kann, wird nach und nach zu ihrer Kontrolle.

So nimmt er an ihrer Tätigkeit teil, zu der ihm selber, wie er in einem Brief sagt, die Hingabe fehlen würde; was sie tut, tut sie statt seiner. Er, im Gegensatz dazu, braucht mehr und mehr Einsamkeit, auf Sonntagsspaziergängen holt er sie sich in der Umgebung Prags, anfangs in Gesellschaft seiner Schwester Ottla, die er wie eine Braut bewundert. Ein Bekannter aus der Anstalt, der sie zusammen trifft, hält Ottla für seine Braut, und er scheut sich nicht, das Felice zu erzählen. – Er hat jetzt ein neues Vergnügen für die freie Zeit: im Gras liegen. »Letzthin lag ich . . . fast im Straßengraben (das Gras ist heuer aber auch im Straßengraben hoch und dicht), als ein ziemlich vornehmer Herr, mit dem ich manchmal amtlich zu tun habe, zweispännig zu einem noch vornehmern Fest vorüberfuhr. Ich streckte mich und fühlte die Freuden . . . des Deklassiertseins.« Bei einem Gang mit Ottla in der Nähe von Prag entdeckt er zwei wunderbare Orte, beide »still wie das Paradies nach der Vertreibung der Menschen«. Später geht er auch allein: »Kennst Du eigentlich die Freuden des Alleinseins, Alleingehens, Allein-in-der-Sonne-Liegens? . . . Bist du allein schon weit gegangen? Die Fähigkeit dazu setzt viel vergangenen Jammer und auch viel Glück voraus. Ich weiß, als Junge war ich viel allein, aber es war mehr Zwang, selten freies Glück. Jetzt aber laufe ich in das Alleinsein, wie das Wasser ins Meer.« – Ein andermal heißt es: »Bin sehr weit gegangen, 5 Stunden etwa, allein und nicht genug allein, in ganz leeren Tälern und nicht genug leer.«

Während sich so die inneren Voraussetzungen zum Landleben ausbilden, das er ein Jahr später mit Ottla in Zürau teilt, sucht er Felice immer stärker an die Gemeinschaft des Jüdischen Volksheims in Berlin zu binden. Unter der Woche führt er weiter sein Beamtendasein, das ihn mit wachsendem Abscheu erfüllt, so sehr, daß er immer noch daran denkt, ihm in den Krieg zu entrinnen, als Soldat würde man sich wenigstens nicht schonen. Indessen rechtfertigt ihn Felice durch ihre Tätigkeit im Volksheim.

Aber in seinen Briefen aus dieser Zeit erwähnt er auch oft sein Schreiben. Da es eine Periode ist, in der er sich noch zu keiner neuen Arbeit imstande fühlt, sind es Nachrichten über Schicksale früherer Erzählungen, über Veröffentlichungen und auch über Besprechungen. Schon im September vermeldet er ihr die Einladung zu einer Lesung nach München. Er liest gern vor und hätte Lust zu fahren, er möchte, daß sie dabei ist; ihre Vorschläge, ihn in Berlin oder Prag zu treffen, lehnt er ab. Von Berlin schreckt ihn die Erinnerung an die Ereignisse der Verlobung und des ›Gerichts‹ zurück, die er allerdings nicht häufig in seinen Briefen erwähnt, zwei Jahre trennen ihn von dieser Zeit. Aber wenn ihn die Nennung einer Berliner Lokalität doch darauf bringt, scheut er sich nicht, merken zu lassen, wie lebendig die Schmerzen jener Tage noch sind. Von Prag schreckt ihn der Gedanke an seine Familie zurück: es wäre nicht zu vermeiden, daß Felice am Tische der Eltern sitzt, und ihre Einbeziehung würde das Übergewicht der Familie verstärken, jene Übermacht, gegen die er sich unaufhörlich mit schwachen Kräften zur Wehr setzt. In dieser Fernhaltung Felices von Prag verhält er sich wie ein Politiker, der die Vereinigung zweier potentieller Feinde gegen sich zu verhindern sucht. – So bleibt er hartnäckig beim Plan eines Treffens in München. Während zweier Monate wird darüber korrespondiert. Er weiß, daß eine Vorlesung Kraftquelle für ihn wäre; auch Felice, wie sie jetzt ist, bemüht und gehorsam, gibt ihm Kraft. Beide Kraftquellen sollen sich in München vereinigen und aneinander steigern. Doch an der absonderlichen Art seines *Entschließens* ändert das nichts. Wieder erlebt man das wohlbekannte Hin und Her: die Reise ist wahrscheinlich, aber noch nicht sicher, es finden sich äußere Bedrohungen, an denen sie scheitern könnte. Nach zwei Monaten Besprechungen heißt es, noch fünf Tage vorher: »Die Reise wird jetzt wahrscheinlicher mit jedem Tag. Jedenfalls telegraphiere ich Dir noch Mittwoch oder Donnerstag die schönen Worte: ›Wir fahren also‹ oder das traurige Wort: ›Nein‹.« — Am Freitag fährt er.

Es spricht für die unabdingbare Eigenart der Anlage Kafkas, daß er aus Fehlern nichts lernt. Mißlingen und Mißlingen multipliziert sich ihm nie zu Gelingen. Die Schwierigkeiten bleiben immer dieselben, als handle es sich darum, das Unüberwindliche ihrer Natur zu demonstrieren. In unzähligen Überlegungen und Berechnungen wird konsequent genau das ausgelassen, was sie zu einem günstigen Ende zu führen vermöchte. Die Freiheit zum Mißlingen wird ausgespart, eine Art oberstes Gesetz, es soll an jedem neuen Kreuzungspunkt ein Entkommen verbürgen; man möchte es die Freiheit des Schwachen nennen, der sein Heil in Niederlagen sucht. In der Verpöntheit der Siege kommt seine wahre Eigenart, seine besondere Beziehung zur Macht zum Ausdruck. Alle Berechnungen entstammen der Ohnmacht und führen wieder auf sie hin.

So hat er, allen Erfahrungen über die mißratenen, kurzfristigen Begegnungen zum Trotz, die Errungenschaft der vier Monate: seine Kontrolle über Felice durch das Berliner Volksheim, an jenem einen gemeinsamen Samstag in München aufs Spiel gesetzt. Alles in München war unbekannt: die Lokalitäten, die Menschen, der Verlauf der Vorlesung am Freitag nach einer tagelangen Eisenbahnfahrt, die Folge der Ereignisse am Samstag. Aber es wurde riskiert, als läge darin eine heimliche Möglichkeit von Freiheit. Es kam zu einem Streit zwischen ihnen in einer

»gräßlichen Konditorei«, über den nichts Näheres bekannt ist. Felice, die sich so lange bemüht hatte, ihm in allem zu Willen zu sein, scheint rebelliert zu haben. In ihren plötzlichen Ausbrüchen dürfte sie sich durch Subtilität kaum ausgezeichnet haben, sie warf ihm Eigensucht vor, und es war ein alter Vorwurf. Er konnte ihn nicht einfach hinnehmen; er traf ihn schwer, denn wie er selber später schrieb, war er ja richtig. Aber seine größte, weitaus größte Eigensucht war sein *Eigensinn,* und dieser erlaubte ihm nur die Vorwürfe, die er sich selber machte. »Mein Schuldbewußtsein ist immer stark genug, es braucht keine Nahrung von außen, aber meine Organisation ist nicht stark genug, um häufig solche Nahrung hinunterzuwürgen.«

Damit war die zweite Blütezeit ihrer Beziehung zu Ende: vier Monate lang hatte dieses engste Einvernehmen gewährt. Man kann diese vier Monate sehr wohl mit jener ersten Zeit vom September bis Dezember 1912 vergleichen, gemeinsam war beiden die Hoffnung und die Kraft, die Kafka von Felice bezog. Doch war jene frühe Zeit eine ekstatische des Schreibens, während es in der zweiten um die Änderung von Felices Charakter und um ihre Anpassung an seine Werte ging. An der Enttäuschung damals versiegte das Schreiben. Diesmal war die Wirkung seiner Entfremdung von ihr eine umgekehrte: sie führte ihn zurück zum Schreiben.

Er kam mit neuem Mut aus München zurück. Die Vorlesung dort war ein »großartiger Mißerfolg«, er hatte ›*In der Strafkolonie*‹ gelesen. »Ich war hingekommen mit meiner Geschichte als Reisevehikel, in eine Stadt, die mich außer als Zusammenkunftsort und als trostlose Jugenderinnerung gar nichts anging, las dort meine schmutzige Geschichte in vollständiger Gleichgültigkeit, kein leeres Ofenloch kann kälter sein, war dann, was mir hier selten geschieht, mit fremden Menschen beisammen.« Die Kritiken waren schlecht, er gab ihnen recht, es sei ein »phantastischer Übermut« von ihm gewesen, öffentlich vorzulesen, nachdem er, wie er übertreibend sagt, zwei Jahre nichts geschrieben habe. (Doch in München hatte er auch erfahren, daß Rilke viel von ihm hielt, der ›*Heizer*‹ besonders hatte es ihm angetan, er zog diese Arbeit der ›*Verwandlung*‹ und ›*In der Strafkolonie*‹ vor.) Aber eben dieser Übermut – das öffentliche Auftreten, die Tatsache, daß es Urteile gab und hauptsächlich negative, die Niederlage und das Großartige des Mißerfolgs inmitten neuer Menschen – hat Kafka beschwingt. Nimmt man dazu den Zwist mit Felice, der ihm die innere Distanz zu ihr gab, ohne die er nicht schreiben konnte, so wird sein neuer Mut nach seiner Rückkehr begreiflich.

Er machte sich gleich auf Wohnungssuche, und diesmal hatte er Glück: Ottla richtete ihm in einem Häuschen der Alchimistengasse, das sie für sich mietete, ein Zimmer zum Schreiben ein, wo es still genug war und er sich sehr bald einlebte. Er lehnte es ab, Felice zu Weihnachten zu sehen, und seit vier Jahren zum erstenmal klagte sie über Kopfschmerzen, sie hatte sie von ihm übernommen. Beinahe schnöde erwähnte er das früher viel besprochene Heim. Es sollte jetzt seine Funktion erfüllen: sie halten und festmachen, aber das war auch alles.

Er hat gute Augenblicke in Ottlas Haus. Es ist besser als jemals in den letzten zwei Jahren. »Sonderbar wenn man in dieser engen Gasse unter Sternenlicht sein Haus versperrt.« »Schön das Wohnen dort, schön das Nachhausewandern gegen Mitternacht über die alte Schloßstiege zur Stadt hinunter.« Hier entstanden ›*Ein Landarzt*‹, ›*Der neue Advokat*‹, ›*Auf der Galerie*‹, ›*Schakale und Araber*‹ und ›*Das nächste Dorf*‹, die später Aufnahme in dem Band ›*Ein Landarzt*‹ fanden. Hier wurden auch ›*Die Brücke*‹, ›*Der Jäger Gracchus*‹ und ›*Der Kübelreiter*‹ geschrieben. Gemeinsam war diesen Erzählungen Weiträumigkeit, Verwandlung (nicht mehr ins Kleine) und Bewegung.

Über die allerletzte Phase der Beziehung zu Felice ist in den Briefen Kafkas an sie nicht sehr viel zu entnehmen.

Der Brief von der Jahreswende 1916 auf 1917, der Vorzüge und Nachteile einer Wohnung im Schönbornpalais ausführlich und, wie er sich selber vorwerfen würde, ›rechnerisch‹ behandelt, mit sechs Punkten, die dagegen sprechen, und fünf Punkten dafür, setzt noch voraus, daß man nach dem Kriege zusammenziehen wird. Felice würde in diese Wohnung, die dann für sie fertig da wäre, sich erholen kommen, wenigstens für zwei, drei Monate. Allerdings müßte sie auf Küche und Badezimmer verzichten. Man kann nicht sagen, daß ihre Gegenwart sehr überzeugend in Rechnung gestellt wird, sie kommt nur in einem der elf Punkte für und dagegen vor. Aber immerhin, sie erscheint, und was vielleicht noch wichtiger ist: sie soll genau überlegen und einen Rat geben.

Aus dem Jahre 1917, in dem er ihr bis zum August wenigstens hie und da geschrieben haben muß, ist weder eine Postkarte noch ein Brief erhalten, der erste ist vom September. Im Februar hat Kafka die Wohnung im Schönbornpalais bezogen. Hier sind weitere Erzählungen aus dem ›*Landarzt*‹-Band entstanden, hier auch manches zu seinen Lebzeiten Ungedruckte, das sehr wichtig ist, wie ›*Beim Bau der Chinesischen Mauer*‹. Er ist mit dieser Zeit nicht ganz unzufrieden und stellt das in einem Brief an Kurt Wolff vom Juli 1917 fest.

Was zwischen ihm und Felice in diesem selben Juli geschah, läßt sich nur aus anderen Quellen erschließen; einen so präzisen Charakter wie das Frühere kann die Darstellung darum nicht haben. Dieser Juli ist der Monat der zweiten offiziellen Verlobung. Der Krieg war zwar noch lange nicht zu Ende, und es scheint, daß man dem ursprünglichen Plan ein wenig vorgegriffen hat. Felice kam nach Prag, man sollte annehmen, daß sie im Schönbornpalais gewohnt hat, doch spricht manches auch dagegen. Kafka machte offizielle Verlobungsvisiten mit ihr bei seinen Freunden. Brod verzeichnet das Steife und leicht Lächerliche eines solchen Besuches bei ihm. Man war auch wieder auf Möbelkauf und Wohnungssuche aus, vielleicht war Felice mit dem Schönbornpalais nicht zufrieden und bestand schon für den Anfang auf Badezimmer und Küche. Sie trug in ihrer Handtasche 900 Kronen mit sich herum, eine ungewöhnlich hohe Summe. In einem Brief an Frau Weltsch, in dem es um den zeitweiligen Verlust eben dieser Tasche geht, spricht Kafka förmlich von seiner »Braut«. Er dürfte sich mit offiziellen Gängen und Titulierungen dieser Art wieder übernommen haben. Es wurde schon gesagt, daß es nicht seiner Natur entsprach, aus früheren Erfahrungen zu lernen. Aber vielleicht legte er es, ohne sich ganz klar darüber zu sein, auf Bedrängnisse der alten Art an, um wieder entkommen zu *müssen*. In der zweiten Julihälfte fuhr er mit Felice zu ihrer Schwester nach Arad in Ungarn. Auf dieser Reise muß es zu einem ernsten Zerwürfnis gekommen sein. Vielleicht war die Konfrontation mit einem Mitglied ihrer Familie für die Beschleunigung eines Bruches notwendig. In Budapest verließ er Felice und fuhr allein über Wien nach Prag zurück. Rudolf Fuchs, den er damals in Wien sah, vermerkt in seinen Erinnerungen Äußerungen Kafkas, die auf einen definitiven Bruch mit Felice oder doch auf eine Absicht dazu schließen lassen. Er schrieb ihr zwei Briefe aus Prag, die nicht erhalten sind, in denen er wohl sehr weit gegangen ist.

Er war jetzt wirklich zum Bruch entschlossen, aber da er sich aus eigenem die Kraft dazu nicht zutraute, erfolgte zwei Tage nach dem späteren Brief an sie, in der Nacht vom 9. auf den 10. August, sein Blutsturz. Aus einer viel späteren Schilderung gewinnt man den Eindruck, daß er die Dauer dieses Blutsturzes etwas übertrieben hat. Aber es ist nicht daran zu zweifeln, daß er plötzlich spät nachts Blut aus der Lunge verlor und daß dieses eklatante Ereignis – man möchte sagen: schon dichterisch durch die Vorstellung einer ›Blutwunde‹ – für ihn sehr ernste Folgen hatte. Obwohl er sich danach erleichtert fühlte, suchte er seinen Arzt auf, jenen durch seine ›Körpermasse‹ beruhigenden Dr. Mühlstein. Wie dieser sich wirklich dazu stellte, ist nicht klar zu entnehmen, aber Kafkas Bericht genügte, um Brod in Angst zu versetzen. Es dauerte noch einige Wochen, bis er Kafka dazu bereden konnte, einen Spezialisten aufzusuchen. Denn über die wahren Gründe seiner Erkrankung war sich Kafka von Anfang an im klaren, und nicht einmal die Aussicht auf jene Freiheit, die ihm wichtiger als alles war, machte es ihm leicht, sich der offiziellen Medizin, der er so hartnäckig mißtraut hatte, für immer auszuliefern. Mit dem Besuch beim Spezialisten am 4. September begann eine neue Periode in seinem Leben. Der Ausspruch dieser Autorität, zu deren Anerkennung er sich nun zwang, erlöste ihn von Felice, der Angst vor der Ehe und dem verhaßten Beruf. Aber er band ihn auch für immer an die Krankheit, an der er sterben sollte und die in diesem Augenblick ernsthaft vielleicht noch gar nicht da war.

Denn die früheste Äußerung über den Befund des Spezialisten, die sich in einer Aufzeichnung vom selben Tag in Brods Tagebuch findet, klingt nicht allzu gefährlich. Es ist die Rede von einem Lungenspitzenkatarrh in beiden Lungen und einer *Gefahr* von Tuberkulose. Das Fieber, wie sich herausstellte, blieb bald ganz aus. Aber die ungewöhnlichen medizinischen Veranstaltungen verdichteten sich zum Plan einer Flucht, wie sie für Kafkas seelische Rettung unerläßlich war. Es wurde beschlossen, daß er – vorläufig auf drei Monate – aufs Land müsse. Der Ort dazu war – man kann nicht anders sagen – schon von lange her vorbereitet worden: Ottlas Landwirtschaft in Zürau. Felice erfuhr von alledem vier Wochen lang nichts. Erst als jeder Schritt unumstößlich feststand, drei Tage vor der Übersiedlung nach Zürau, am 9. September, schrieb er ihr endlich einen ersten, sehr ernsten Brief. Vielleicht hätte er ihr schon in diesem Brief den harten Entschluß, die Verbindung mit ihr für immer abzubrechen, ausdrücklich mitgeteilt. Aber sie hatte ihm, nachdem sie auf seine beiden August-Briefe lang geschwiegen hatte, versöhnlich und so, als ob nichts Ernstes zwischen ihnen stünde, wieder geschrieben, und ihre freundlichen Briefe hatte er, für ihn sehr ungelegen, am 5. September, dem Tag nach dem Besuch beim Spezialisten bekommen. »Heute«, teilt er Brod mit, »kamen Briefe von F., ruhig, freundlich, ohne jede Nachträglichkeit, so eben, wie ich sie in meinen liebsten Träumen sehe. Schwer ist es jetzt, ihr zu schreiben.«

Aber er schreibt ihr, wie gesagt, am 9. September, und berichtet ihr, dramatisch verkürzt, von den Ereignissen um seine Lungen. Es ist stark von Blut und nachdrücklich von Tuberkulose die Rede. Die Pensionierung will man ihm in seinem Interesse nicht geben, er bleibt aktiver Beamter und geht für mindestens drei Monate auf Urlaub. Vor den Eltern soll die Sache vorläufig verschwiegen werden. Das einzige, was sie für sich als auf die Dauer bedrohlich empfinden könnte, ist der Schluß. Da heißt es »arme liebe Felice«, und das »arm«, das man aus der Korrespondenz so gut kennt, klingt diesmal, da er von seiner Krankheit schreibt, zum erstenmal so, als gelte es nicht ihm selber, sondern ihr. »Soll es das ständige Schlußwort meiner Briefe werden? Es ist kein Messer, das nur nach vorn sticht, es kreist und sticht auch zurück.«

In einem Nachwort fügt er hinzu, daß er sich seit jenem Blutsturz besser fühle als früher. Das entspricht der Wahrheit, vielleicht will er damit aber auch verhindern, daß sie in plötzlichem Alarm zu ihm angefahren kommt.

Am 12. September beginnt die Zeit in Zürau. Schon der erste Brief an Brod klingt wie aus einer anderen Welt. Am ersten Tag kam er nicht zum Schreiben, weil es ihm allzu sehr gefiel, auch wollte er nicht übertreiben, wie er es hätte tun müssen. Aber auch am nächsten heißt es: »Ottla trägt mich wirklich auf ihren Flügeln durch die schwierige Welt, das Zimmer . . . ist ausgezeichnet, luftig, warm und das alles bei fast vollkommener Hausstille; alles, was ich essen soll, steht in Hülle und Fülle um mich herum . . . und die Freiheit, die Freiheit vor allem.«

». . . Jedenfalls verhalte ich mich heute zu der Tuberkulose, wie ein Kind zu den Rockfalten der Mutter, an die es sich hält . . . Manchmal scheint es mir, Gehirn und Lunge hätten sich ohne mein Wissen verständigt. ›So geht es nicht weiter‹, hat das Gehirn gesagt und nach fünf Jahren hat sich die Lunge bereit erklärt zu helfen.«

Und im nächsten Brief heißt es: »Mit Ottla lebe ich in kleiner guter Ehe; Ehe nicht auf Grund üblichen gewaltsamen Stromschlusses, sondern des mit kleinen Windungen geradeaus Hinströmens. Wir haben eine hübsche Wirtschaft, in der es Euch, wie ich hoffe, gefallen wird.« Aber ein Schatten liegt über diesem Brief: »F. hat sich mit ein paar Zeilen angekündigt. Ich fasse sie nicht, sie ist außerordentlich . . .«

Sie kam, über ihren Besuch findet sich eine Eintragung im Tagebuch, aus der ich einen Teil zitiere: »21. September. F. war hier, fährt, um mich zu sehen, dreißig Stunden, ich hätte es verhindern müssen. So wie ich es mir vorstelle, trägt sie, wesentlich durch meine Schuld, ein Äußerstes an Unglück. Ich selbst weiß mich nicht zu fassen, bin gänzlich gefühllos, ebenso hilflos, denke an die Störung einiger meiner Bequemlichkeiten und spiele als einziges Zugeständnis etwas Komödie.«

Der zweitletzte Brief an Felice, der längste, zehn Tage nach ihrem Besuch in Zürau geschrieben, ist der peinlichste Brief, den es von Kafka gibt, es kostet einen Überwindung, daraus zu zitieren. Sie hat ihm inzwischen zweimal geschrieben, erst öffnet er ihre Briefe nicht und läßt sie liegen. Das teilt er ihr gleich zu Beginn mit, auch daß er die Briefe dann schließlich doch vorgenommen habe. Was drin steht, beschämt ihn zwar, aber er sieht sich noch schärfer, als sie ihn sah, seit langer Zeit schon, und will ihr den Anblick, den er bietet, erklären.

Nun kommt der Mythos der zwei Kämpfer in ihm, es ist ein unwürdiger und falscher Mythos. Das Bild des Kampfes kann die inneren Vorgänge in ihm nicht fassen, es verzerrt sie durch eine Art von Heroisierung seines Blutverlusts, so als wäre wirklich blutig gekämpft worden. Aber selbst wenn man dieses Bild noch gelten ließe, es verführt ihn gleich auch zu einer Unwahrheit: daß der bessere der zwei Kämpfer, so schreibt er, ihr gehöre, daran zweifle er gerade in den letzten Tagen am wenigsten. Man weiß aber, daß dieser Kampf, oder wie immer man es nennt, längst zu Ende ist und ihr nichts mehr gehört, gerade in den letzten Tagen am wenigsten. Soll man in dieser lügnerischen Behauptung einen Trost für sie, etwas wie Ritterlichkeit gegen die Gedemütigte und Verstoßene erblicken? Immerhin folgt nicht weit danach ein Satz, dem es zukommt, als Satz von Kafka zitiert zu werden: »Ich bin ein lügnerischer Mensch, ich kann das Gleichgewicht nicht anders halten, mein Kahn ist sehr brüchig.« Er leitet zu einem längeren Absatz über, der seine Einsicht in sich zusammenfaßt. Der ist ihm gut gelungen, er gehört in die Literatur; er gefällt ihm so gut, daß er ihn für einen Brief an Max Brod wortwörtlich abschreibt, und dann noch einmal wortwörtlich in sein Tagebuch. Dort soll er auch stehen, aber man wird begreifen, warum man unter diesen Umständen hier auf ihn verzichtet. Dann gibt es wieder ein längeres Stück über das wechselvolle Schicksal der beiden Kämpfer und das vergossene Blut. Es führt zu einem Satz, der ihn ernsthaft bestätigt: »Ich halte nämlich diese Krankheit im geheimen gar nicht für eine Tuberkulose, oder wenigstens zunächst nicht für eine Tuberkulose, sondern für meinen allgemeinen Bankrott.« Aber das Blut und der Kampf sind noch nicht zu Ende, und es werden noch weitere Folgerungen aus ihnen gezogen. Ganz unvermittelt scheint die Stelle auf: »Frag nicht, warum ich eine Schranke ziehe. Demütige mich nicht so.« Hier sagt er stark, daß er sie ganz von sich abtut und daß es keine Erklärung dafür gibt, und bestünde der Brief aus diesen zwei Sätzen, er hätte die Kraft einer biblischen Anrede. Er schwächt ihn dann gleich durch eine leere Geste ab, doch plötzlich findet man sich vor der Wahrheit: »Die wirkliche oder angebliche Tuberkulose«, sagt er, »ist eine Waffe, neben der die fast zahllosen früher verbrauchten, von der ›körperlichen Unfähigkeit‹ bis zur ›Arbeit‹ hinauf und bis zum ›Geiz‹ hinunter in ihrer sparsamen Zweckhaftigkeit und Primitivität dastehn.«

Schließlich sagt er ihr ein Geheimnis, an das er augenblicklich selbst gar nicht glaubt, das aber doch wahr sein muß: er wird nicht mehr gesund werden. Damit tötet er sich für sie ab und entzieht sich ihr jetzt durch eine Art von Selbstmord in der Zukunft.

So war das meiste, was dieser Brief enthielt, von dem Bestreben diktiert, weiteren Belästigungen von ihrer Seite zu entgehen. Da er nicht das Geringste mehr für sie empfand, war ihm ein wirklicher Trost für sie nicht gegeben. Aus dem Zürauer Glück, das ein Glück der Freiheit war, waren keine Allüren der Trauer, ja nicht einmal welche des Bedauerns zu schöpfen.

Der letzte Brief an Felice ist vom 16. Oktober und liest sich so, als wäre er kaum mehr für sie geschrieben. Er rückt sie fort, obwohl sie schon fern ist, seine gläsernen Sätze enthalten sie nicht, sie sind wie an einen Dritten gerichtet. Er beginnt mit einem Zitat aus einem Brief an Max Brod: Kafkas Briefe, hätte der geschrieben, zeugten von großer Ruhe, und er sei in seinem Unglück glücklich. Als Bestätigung dafür liefert er nun eine Schilderung des letzten Besuches der Felice. Vielleicht ist diese Schilderung genau, gewiß ist sie kälter als Eis. »Du warst unglücklich über die sinnlose Reise, mein unbegreifliches Verhalten, über alles. Ich war nicht unglücklich.« Er fühlte den ganzen Jammer weniger, als er ihn sah und erkannte und in dieser Erkenntnis ruhig dabei verblieb, die Lippen fest, sehr fest geschlossen zu halten. Der größere Teil des Briefes besteht aus einer Antwort an Max Brod, ungefähr zitiert, sie war vor vier Tagen an ihn abgegangen. – Sein Körperzustand ist ausgezeichnet, nach ihrem wagt er kaum zu fragen. Er hat Max, Felix und Baum mit ausführlicher Begründung gebeten, ihn nicht zu besuchen, eine Warnung an *sie,* nicht wiederzukommen.

Der letzte Absatz lautet: »Kant kenne ich nicht, der Satz aber soll wohl nur für die Völker gelten, auf Bürgerkriege, auf ›innere Kriege‹ bezieht er sich kaum, hier ist der Friede wohl nur jener, den man der Asche wünscht.«

Damit wies er einen Friedenswunsch zurück, den Felice in einen Satz von Kant gekleidet hatte. Mit dem Frieden, den man der Asche wünscht, zog er sich nachdrücklicher noch als am Ende des vorangegangenen Briefes hinter den Tod zurück. In der ausführlichen Korrespondenz, die er gleichzeitig mit seinen besten Freunden führt, ist nie von Asche die Rede.

Daß die Krankheit schließlich wahr wurde, die erst ein Mittel war, kann als Rechtfertigung nicht anerkannt werden. Die Rechtfertigung findet sich in jener neuen Reihe von Aufzeichnungen, dem ›Dritten Oktavheft‹, das er zwei Tage nach dem letzten Brief an Felice begann. Das Tagebuch, das er früher zu führen pflegte, bricht auf Jahre ab. Als die vorletzte, sozusagen verspätete Eintragung finden sich darin die Sätze: »Das Entscheidende habe ich bisher nicht eingeschrieben, ich fließe noch in zwei Armen. Die wartende Arbeit ist ungeheuerlich.«

1968